Peter Ngibuini Kuguru

Factores que afectam o desempenho da indústria do café no Quénia

Peter Ngibuini Kuguru

Factores que afectam o desempenho da indústria do café no Quénia

ScienciaScripts

Imprint
Any brand names and product names mentioned in this book are subject to trademark, brand or patent protection and are trademarks or registered trademarks of their respective holders. The use of brand names, product names, common names, trade names, product descriptions etc. even without a particular marking in this work is in no way to be construed to mean that such names may be regarded as unrestricted in respect of trademark and brand protection legislation and could thus be used by anyone.

Cover image: www.ingimage.com

This book is a translation from the original published under ISBN 978-3-659-56138-2.

Publisher:
Sciencia Scripts
is a trademark of
Dodo Books Indian Ocean Ltd. and OmniScriptum S.R.L publishing group

120 High Road, East Finchley, London, N2 9ED, United Kingdom
Str. Armeneasca 28/1, office 1, Chisinau MD-2012, Republic of Moldova, Europe
Printed at: see last page
ISBN: 978-620-8-16331-0

Índice:

FACTORES QUE AFECTAM O DESEMPENHO DA INDÚSTRIA DO CAFÉ NO QUÉNIA

PETER NGIBUINI KUGURU HSC

RECONHECIMENTO

Gostaria de agradecer ao meu orientador, Dr. Kennedy Ogollah, e ao meu supervisor, David Kanyanjua, que me deram uma orientação pormenorizada e me encorajaram durante a preparação deste estudo e a realização da investigação. Tiveram a amabilidade de atender as minhas chamadas a horas estranhas e, mesmo quando não podiam atender as minhas chamadas, ele ligou-me de volta e respondeu a todas as minhas perguntas.

Os meus agradecimentos vão para os meus colegas de turma pela sua atitude positiva e apoio camarada. Partilharam o seu tempo e as suas ideias.

Um agradecimento especial à minha equipa de apoio, Anne Katua e Fredrick Kakui, pelo seu papel organizacional e apoio.

RESUMO

Este estudo procurou determinar os factores que afectam o desempenho da indústria do café no Quénia, com um estudo de caso do círculo eleitoral de Mathira. O estudo procurou descobrir a relação linear existente entre os factores que afectam a indústria do café e o desempenho da indústria do café. Os factores considerados foram a qualidade do café, a capacidade dos produtores, as políticas governamentais e os factores de comercialização. O estudo baseou-se na teoria do interesse público da regulamentação, na teoria da gestão da qualidade total e na teoria do desempenho.

Foi utilizada uma abordagem de investigação de modo misto, que consistiu numa conceção de investigação descritiva e numa conceção de investigação de correlação. Foi utilizada uma técnica de amostragem aleatória simples e a amostra era constituída por 385 inquiridos de uma população de 26 000 agricultores. O estudo envolveu uma recolha de dados primários junto dos produtores de café e dos gestores das cooperativas de café. Os dados recolhidos foram editados, codificados, digitados e analisados com recurso ao Statistical Package for Social Sciences (SPSS). As conclusões do estudo mostraram que todos os factores têm uma relação positiva e significativa com o desempenho da indústria do café no Quénia. O conjunto dos factores representou 28% do desempenho da indústria do café.

A qualidade do café tinha uma relação significativamente positiva com o desempenho da indústria do café no Quénia. Da análise de regressão, o estudo obteve um coeficiente beta de 0,155, o que sugere uma relação positiva e significativa entre as duas variáveis. A capacidade dos produtores tem um efeito positivo e significativo no desempenho da indústria do café no Quénia. A política governamental também teve um efeito significativo positivo no desempenho da indústria do café no Quénia, bem como no processo de comercialização. O estudo beneficiará a comunidade agrícola da indústria do café, o movimento cooperativo, os comerciantes, o Governo, o público interessado no desempenho da indústria do café e a população do Quénia.

Com base nas constatações acima, o estudo concluiu que a qualidade do café produzido, a capacidade dos produtores, as políticas governamentais e o processo de comercialização estão significativamente relacionados com o desempenho da indústria do café no Quénia. Por conseguinte, o estudo recomenda que o CBK, o Governo do Quénia, os doadores, os produtores de café do Quénia e outros decisores políticos adoptem as conclusões deste estudo, a fim de melhorar o desempenho da indústria do café no Quénia.

CAPÍTULO 1

INTRODUÇÃO

Esta secção apresenta os antecedentes do estudo, o enunciado do problema, os objectivos da investigação e as questões de investigação, o âmbito do estudo, a justificação do estudo, a importância do estudo, as limitações do estudo, a área do estudo e a organização do estudo.

Antecedentes do estudo

O desempenho do sector do café tem sido atribuído à relação entre o preço na exploração e o preço em leilão (Lilieholm, 2010). O Brasil, em particular, tem uma relação mais elevada entre o preço na exploração e o preço em leilão do que a maioria dos países subsarianos em África, devido a políticas governamentais de apoio, a um grande número de produtores de café qualificados e a um elevado nível de tecnologia (Ojambo, 2013). No entanto, Nathalie (2002) indica que, embora as políticas governamentais no Brasil sejam favoráveis, a qualidade do café no Brasil é relativamente inferior à da Colômbia, da Etiópia e do Quénia. Ele indica ainda que a baixa qualidade do café no Brasil é atribuída à baixa qualidade do solo, às condições climáticas em constante mudança e à altitude do país, que são factores determinantes da qualidade dos grãos de café produzidos.

A Etiópia tem sido acusada de ter alguns dos cafés de melhor qualidade do mundo (Banco Mundial, 2012). Dorothy (2013) também argumenta que o nível de varredura na comercialização do café da Etiópia influencia negativamente o preço do contrato. Embora o café da Colômbia tenha maior qualidade em termos de sabor e aparência, a classificação do café da Etiópia é mais preferida no mercado mundial (Beanposter, 2012)

A Colômbia especializou-se no cultivo do café Arábica e é reconhecida mundialmente pela produção de café da mais alta qualidade com um sabor distinto (Beanposter, 2012). Para além disso, o café produzido na Colômbia tem um aspeto profundo, com bom brilho, corpo e sabor. No entanto, os tipos de cartéis que estão envolvidos na comercialização do café têm um impacto negativo no prazo de pagamento e no preço final do contrato para o produto. Este facto leva a um baixo nível de produção, com a maioria dos agricultores a preferir outros tipos de culturas de rendimento que lhes proporcionam lucros relativamente mais elevados (Mafusire, Salami, Kamara & Lawson, 2010).

Segundo Brian (2010), os indicadores do desempenho do sector do café são o preço contratual. Embora Kalyango (2013) concorde com Brian (2010), ele também argumenta que o tempo de espera pelos pagamentos é um indicador do desempenho do sector cafeeiro. Ao fazer uma análise do sector a nível macroeconómico dos gigantes asiáticos, Kalyango (2013) acrescenta que o rácio entre o preço na exploração e o preço em leilão é a preocupação corrente no sector do café. Assim, no presente estudo, os

indicadores de desempenho do sector cafeeiro são o preço na exploração e o preço em leilão, o prazo de pagamento e o preço contratual.
Nos EUA, o petróleo bruto, o café e o gás são os três produtos de base mais transaccionados nos mercados internacionais. Nenhum outro produto de base agrícola pode competir com os volumes de comércio de petróleo bruto e de gás do que o café. O café é a rainha de todos os produtos agrícolas de base no que respeita ao volume do comércio internacional. Ao contrário do chá, o café é consumido principalmente pelos países desenvolvidos, como os Estados Unidos e os países europeus, mas é produzido por países em desenvolvimento, como o Brasil, a Colômbia, a Indonésia e o Vietname. A relação entre a oferta e a procura de café faz do café um verdadeiro produto de base internacional. O desempenho económico tanto dos países exportadores como dos Estados Unidos alimenta os preços de retalho do café. O Acordo Internacional do Café e os preços do café NYBOT/preços à vista são os dois factores mais importantes que influenciam os preços de retalho do café nos Estados Unidos.
O Brasil é, sem dúvida, o maior produtor de café do mundo. Com uma despesa aparentemente infinita disponível para a sua produção, as plantações de café no Brasil cobrem frequentemente imensas áreas de terra, necessitam de centenas de pessoas para as gerir e operar e produzem enormes quantidades de café. Um café "brasileiro" é um café "suave" e os dois termos são muitas vezes utilizados indistintamente. Tanto o arábica como o robusta são cultivados, embora em regiões cafeeiras diferentes. O clima ambiente, a qualidade do solo e a altitude determinam em grande medida qual a variedade que melhor se desenvolve numa determinada região. Uma boa chávena de café brasileiro é um café claro, doce, de corpo médio e pouco ácido.
A Indonésia, um dos maiores países do mundo, é composta por milhares de ilhas. Várias das maiores ilhas - Sumatra, Java e Sulawesi (ou Celebes, como se chamava) - são conhecidas em todo o mundo pelos cafés finos e de qualidade que nelas crescem. A planta do café foi introduzida na Indonésia pelos colonos holandeses no século XVII e em breve liderou a produção mundial. Atualmente, predominam as pequenas explorações de café de 1 a 2 hectares e a maior parte é processada a seco. Os cafés indonésios distinguem-se por um corpo rico e cheio e uma acidez suave. A Indonésia também é conhecida pelos seus cafés finos envelhecidos. Tradicionalmente, estes cafés eram guardados durante um período de tempo por agricultores que os queriam vender a preços mais elevados. Descobriu-se que o armazenamento envelhecia suavemente o café no clima quente e húmido da Indonésia, resultando num café apreciado pelo seu corpo ainda mais profundo e menor acidez. Trata-se de um processo que não pode ser igualado pela tecnologia.
Na Tanzânia, o café representa cerca de 20% das receitas em divisas da Tanzânia e tem sido o pilar da economia baseada na agricultura do país desde a sua introdução como cultura comercial há cerca de 100 anos. Mais de 450.000 famílias de agricultores (95%)

e 110 propriedades (5%) vivem da cultura do café, estimando-se que mais 2.000.000 de pessoas trabalham direta ou indiretamente no sector. A produção de café concentra-se em cinco zonas geográficas principais da Tanzânia: a norte (Kilimanjaro, Arusha e Tarime), a oeste (Kigoma e Kagera) e a sul (Mbeya, Iringa e Ruvuma). No entanto, apesar desta situação, a Tanzânia está muito bem adaptada à produção de café (e, em especial, à produção de café Arábica menos sensível ao preço) devido às suas extensas zonas de planalto vulcânico e à bacia dos Grandes Lagos, que proporcionam condições ideais para a cultura do café. Existe um grande potencial de desenvolvimento do sector. A Etiópia é a origem do café Arábica e cultiva uma grande variedade de cafés exemplares, altamente diferenciados, a maioria dos quais cultivados à sombra por pequenos agricultores sem recurso a produtos químicos (Dempsey 2006). A Etiópia é o maior produtor de café e ocupa o quinto lugar no mundo e o primeiro em África em termos de produção anual de café. Nas últimas três a quatro décadas, o café tem sido e continua a ser a principal cultura de rendimento e o principal produto de exportação do país. O café representa, em média, cerca de 10% da produção agrícola total, 5% do Produto Interno Bruto e constitui cerca de 41% do total das receitas de exportação do país (Worako 2008). Factores como a educação, a proporção de terra atribuída ao café, a proporção do rendimento extra-agrícola em relação ao rendimento total, o desempenho da cooperativa, a satisfação com o desempenho da cooperativa e o segundo pagamento afectam a escolha do mercado na Etiópia. A idade do chefe do agregado familiar, a proporção do rendimento extra-agrícola e o acesso à formação influenciaram positivamente a decisão de seleção do comprador por parte dos cafeicultores não membros. Finalmente, o estudo confirmou a viabilidade contínua das cooperativas de comercialização de café como fornecedores de café aos compradores de café na área de estudo.

O café do Quénia é bem conhecido e apreciado, tanto nos Estados Unidos como na Europa. Os grãos de café do Quénia produzem uma chávena singular com uma acidez acentuada e frutada, combinada com um corpo cheio e uma fragrância rica. O café é cultivado no sopé do Monte Quénia, frequentemente por pequenos agricultores. Os produtores quenianos colocam a tónica na qualidade e, consequentemente, os procedimentos de transformação e secagem são cuidadosamente controlados e monitorizados. O Quénia tem o seu próprio sistema de classificação. O AA queniano é o maior grão num sistema de classificação de 10 tamanhos e o AA+ significa que foi cultivado na propriedade.

Declaração do problema

Durante um longo período, o café foi uma das principais exportações agrícolas do Quénia, representando cerca de 40% do total das receitas obtidas com as exportações. Esta situação alterou-se drasticamente desde 1988, representando atualmente o café 6% do total das exportações agrícolas (Monroy, Mulinge, & Witwer, 2013). A cultura do café no Quénia tem sido ultimamente influenciada pela diminuição do preço contratual, apesar dos elevados custos de comercialização e transformação suportados pelo agricultor. A produção também tem sido afetada, com os agricultores a incorrerem em custos crescentes no passado recente devido ao aumento do custo dos factores de produção agrícola, à desvalorização da moeda, à ineficiência dos factores de produção no mercado, à inflação e à falta de infra-estruturas. Na realidade, a maioria dos agricultores tem prejuízos e está sempre em dívida devido aos longos prazos de pagamento, o que contribuiu para o abandono do café e para que os cafeicultores vivam numa pobreza abjecta (Nyoro & Karanja, 2002).

O desempenho da indústria do café no Quénia foi grandemente influenciado pelos controlos pouco rigorosos que foram introduzidos no sector em 2001 (Gitu, 2012). Foi nessa altura que o Governo do Quénia deixou de se envolver na gestão das cooperativas, permitiu que os agricultores decidissem se queriam utilizar os agentes de comercialização, os moinhos ou as fábricas de despolpamento, pôs fim à assistência financeira à Fundação para a Investigação do Café e às cooperativas de café, privatizou os leilões de café, com algum café a escapar aos leiloeiros e a ser vendido diretamente aos exportadores, limitou o papel da Junta do Café do Quénia como entidade reguladora e aumentou tremendamente as licenças de comercialização permitidas para vinte e cinco.

De acordo com Mude (2006), o governo manteve um nível zero de corrupção nas cooperativas de café através da eleição de District Cooperative Officers (DCOs). Os DCOs protegiam os pequenos agricultores, a maioria dos quais com poucas qualificações, baixo nível de educação e pouca afluência política, participando nas assembleias gerais, assegurando a realização de eleições livres e justas e deixando a sua marca durante a concessão de empréstimos e o pagamento de dividendos aos membros. Com a introdução de políticas liberalizadas, a designação dos DCOs passou a ser a de conselheiros das sociedades cooperativas e a reportar o progresso das cooperativas nos seus distritos. Gitu (2012) afirma que a perda de afluência dos DCOs é prejudicial para as cooperativas de café, pois conduziu a um aumento drástico da corrupção, com os ricos a assumirem a liderança. Por conseguinte, a falta de responsabilização por parte dos gestores corruptos e dos membros dos comités acabou por conduzir ao aumento dos custos operacionais e à redução do preço contratual.

De acordo com Nyoro & Karanja (2002), o atual objetivo político é aumentar a produção de café, acrescentar valor, disponibilizar crédito a preços acessíveis aos produtores de café e aumentar a acessibilidade do mercado. No entanto, o Conselho do Café do Quénia, a quem são atribuídas as responsabilidades regulamentares, não conseguiu formular políticas prudentes que promovam o café queniano a nível mundial. Okoth (2013) afirma que as políticas e regras formuladas pelo Conselho são proibitivas, ilegais, pró-cartéis, anti-cafeicultores e inconsistentes com a Constituição e a Lei da Agricultura, Pescas e Alimentação de 2013.

Apesar de o Quénia ter reputação mundial pela sua produção de café de alta qualidade com aspeto e sabor excepcionais, o desempenho da indústria do café está a diminuir drasticamente à medida que o tempo avança. Por conseguinte, o presente estudo procurará determinar os factores que influenciam o desempenho da indústria do café no Quénia.

Objectivos do estudo

O objetivo geral do estudo é avaliar os factores que afectam o desempenho da indústria do café no Quénia.

Os objectivos específicos do estudo são:

i. Determinar em que medida a qualidade do café tem impacto no desempenho do sector cafeeiro

ii. Estabelecer de que forma a política governamental influencia o desempenho do sector do café iii. Investigar em que medida a capacidade dos produtores afecta o desempenho da indústria do café

iv. Determinar em que medida os processos de marketing influenciam o desempenho do sector do café.

Questões de investigação

i. Em que medida é que a qualidade do café afecta o desempenho da indústria do café no círculo eleitoral de Mathira?

ii. Como é que a política governamental influencia o desempenho do sector do café no círculo eleitoral de Mathira?

iii. Em que medida a capacidade do produtor afecta o desempenho do sector do café no círculo eleitoral de Mathira?

iv. De que forma é que o processo de marketing influencia o desempenho da indústria do café no círculo eleitoral de Mathira?

Importância do estudo

Este estudo foi projetado para fornecer informações essenciais aos diversos interessados envolvidos no sector cafeeiro. Esses intervenientes incluem, entre outros, os organismos reguladores, os decisores políticos, o mundo académico, as sociedades cooperativas de café e os produtores de café. O estudo expôs os diferentes factores económicos e de mercado que afectam a indústria do café, desde a produção até à venda do produto, quer através das lotas, quer através da exportação direta. Os organismos reguladores e os decisores políticos devem ser esclarecidos sobre as suas falhas na criação de vias desfavoráveis ao crescimento das indústrias do café. Para as sociedades cooperativas e os produtores de café, o estudo chamou a atenção para as deficiências do sector do café, constituindo assim uma boa fonte de informação para a tomada de decisões.

Âmbito do estudo

O círculo eleitoral de Mathira está localizado no condado de Nyeri, no distrito de Nyeri North. De acordo com o relatório do recenseamento efectuado pela KNBS (2009), a área tem uma população de 148 847 pessoas que ocupam uma área de 296,60 km2 . A área situa-se no condado de Nyeri que, segundo Wangechi (2014), tem uma altitude de 1220 a 2300 m, com uma precipitação média de 953 mm e é dotada de ricos solos vulcânicos vermelhos. Estas condições são favoráveis à produção de café de alta qualidade. O estudo foi realizado entre janeiro e março de 2015.

Limitações do estudo

As limitações do estudo são a falta de investigação e de dados anteriores adequados. A outra limitação foi a existência de cartéis hostis que interferiram com a investigação. Para ultrapassar as limitações, o estudo teve de efetuar um piloto, a fim de antecipar e ultrapassar as limitações esperadas. A limitação incluía a desconfiança por parte dos inquiridos, o que foi ultrapassado fornecendo uma carta introdutória do M.U.A. e assegurando aos inquiridos a confidencialidade das informações fornecidas.

Outra limitação foi a barreira linguística. Para ultrapassar esta limitação, o investigador leu e interpretou as perguntas a todos os inquiridos que não sabiam ler e compreender a língua inglesa. A grande área de estudo a abranger também colocou desafios a este estudo. O investigador teve de investir tempo extra para garantir que todos os inquiridos fossem contactados.

Resumo

Neste capítulo, foram discutidos os antecedentes do tema da investigação. O estudo analisou o desempenho do sector do café em diferentes regiões. O objetivo era traçar um quadro claro do desempenho do sector do café nos países desenvolvidos e nos países em desenvolvimento, para efeitos de comparação. Este capítulo também destacou a declaração do problema que exigiu a realização desta investigação. Além disso, este capítulo também contém os objectivos do estudo, a questão de investigação, o âmbito do estudo e as limitações que o investigador enfrentou e como as ultrapassou.

CAPÍTULO 2
REVISÃO DA LITERATURA

Introdução

Esta secção apresenta a revisão teórica, a revisão empírica e o quadro concetual do estudo. A revisão fornecerá as contribuições anteriores de diferentes autores para o problema e as suas conclusões servirão de base para identificar as lacunas de investigação que constituem o ponto de partida para este estudo.

Revisão teórica

Esta investigação baseia-se na teoria da regulação do interesse público, na teoria da gestão da qualidade total e na teoria do desempenho. As três teorias fornecem uma base para a motivação das pessoas para o cumprimento do dever.

Teorias de interesse público da regulamentação

O primeiro grupo de teorias da regulação considera a regulação do ponto de vista da prossecução do interesse público. Este interesse público pode ainda ser descrito como a melhor afetação possível de recursos escassos para bens individuais e colectivos. Nas economias ocidentais, a afetação de recursos escassos é, em grande medida, coordenada pelo mecanismo de mercado. Em teoria, pode mesmo demonstrar-se que, em determinadas circunstâncias, a afetação de recursos através do mecanismo de mercado é óptima (Arrow, 1985). Dado que estas condições não são frequentemente respeitadas na prática, a afetação dos recursos não é óptima e surge a procura de métodos para melhorar essa afetação (Bator, 1958). Um dos métodos para alcançar a eficiência na afetação de recursos é a regulamentação governamental (Arrow, 1970; Shubik, 1970). De acordo com a teoria do interesse público, a regulamentação pública é o instrumento que permite ultrapassar as desvantagens da concorrência imperfeita, do funcionamento desequilibrado do mercado, dos mercados inexistentes e dos resultados indesejáveis do mercado.

Em primeiro lugar, a regulamentação pode melhorar a afetação de recursos, facilitando, mantendo ou imitando o funcionamento do mercado. A troca de bens e factores de produção nos mercados pressupõe a definição, a atribuição e a afirmação de direitos de propriedade individuais e a liberdade de contratar (Pejovich, 1979). A garantia dos direitos de propriedade e a necessária imposição do cumprimento dos contratos podem ser organizadas de forma mais eficiente coletivamente do que individualmente. Além disso, os custos das transacções de mercado são reduzidos pelo direito de propriedade e pelo direito dos contratos.

A liberdade contratual pode, no entanto, ser também utilizada para conseguir a cooperação entre partes que se opõem ao funcionamento do mercado. Os acordos entre produtores dão origem a preços que se desviam dos custos marginais e é colocada no mercado uma quantidade ineficiente de bens. A legislação antimonopólio visa manter o funcionamento do mercado através do controlo da criação de posições de poder económico e da proibição de acordos que limitem a concorrência ou punindo a sua utilização abusiva.

Esta teoria é considerada relevante, pois informa a política governamental, que é uma das variáveis deste estudo. O governo pode regular o desempenho do sector do café através da concessão de incentivos fiscais ou subsídios aos produtores.

Teorias da gestão da qualidade total

Scudder (2013) argumenta que a Gestão da Qualidade Total (GQT) é um conjunto de metodologias de melhoria da qualidade que se baseiam no cliente e são orientadas para o serviço. A TQM foi desenvolvida pela primeira vez no Japão, tendo depois ganho popularidade. No entanto, embora a TQM possa referir-se a um conjunto de práticas baseadas no cliente que pretendem melhorar a qualidade e promover a melhoria dos processos, existem várias teorias diferentes que orientam as práticas da TQM. Uma teoria popular da TQM é a teoria de Deming da Gestão da Qualidade Total, que assenta em catorze pontos de gestão por ele identificados, no sistema de conhecimento profundo e no Ciclo de Shewart (Planear-Fazer-Verificar-Atuar). É conhecido pelo seu rácio - a qualidade é igual ao resultado dos esforços de trabalho sobre os custos totais. Se uma empresa se concentra nos custos, o problema é que os custos aumentam enquanto a qualidade se deteriora. O sistema de conhecimento profundo de Deming consiste nos quatro pontos seguintes: Apreciação do Sistema, que explica a compreensão da forma como os processos e sistemas da empresa funcionam, Conhecimento da Variação, que explica a compreensão da variação que ocorre e as causas da variação, Teoria do Conhecimento, que explica a compreensão do que pode ser conhecido e Conhecimento Psicológico, que examina a compreensão da natureza humana. Esta teoria é considerada relevante, uma vez que informa a variável qualidade do café

Teoria do desempenho

De acordo com Lawler (2000), a teoria do desempenho gira em torno de seis componentes para explicar o desempenho e a melhoria do desempenho. Estas componentes são os níveis de competências, os níveis de conhecimento, o contexto, o nível de identidade, os factores fixos e os factores pessoais. O nível de competências determina as acções executadas por um indivíduo ou uma organização de modo a obter um produto final favorável. Os níveis de conhecimento que os indivíduos possuem fornecem-lhes conceitos, factos, informações e princípios que orientam a sua vida e as suas experiências. O contexto em que se vive determina a tomada de decisões com base nas exposições que o rodeiam. O nível de identidade é adquirido à medida que um indivíduo ou uma organização amadurecem numa disciplina e crescem, recolhendo informação da comunidade e, ao mesmo tempo, desenvolvendo a sua própria singularidade. Os factores fixos são geralmente caraterísticas únicas de um indivíduo que não podem ser alteradas, enquanto os factores pessoais se desenvolvem de acordo com as situações a que um indivíduo está exposto. Todos estes factores são essenciais para determinar o desempenho de um indivíduo, de uma organização ou de uma indústria.

Elger (2014) na sua fundamentação da teoria do desempenho indica que os seres humanos são capazes de realizar coisas extraordinárias no universo. Por exemplo, o ser humano pode ir à lua e realizar outras actividades não pela sua facilidade mas porque são difíceis, uma vez que o objetivo será medir e organizar as capacidades e energias do indivíduo. Refere-se ao desempenho como um percurso que se classifica em níveis em que quanto mais elevado for o nível, maior será a qualidade e o nível de eficácia. A teoria reconhece que as caraterísticas de um nível de desempenho mais elevado são a capacidade da atividade, o nível de conhecimentos e competências, a relação custo-eficácia, a qualidade do produto ou do fator resultante e, finalmente, a motivação e a identidade (Tomlinson et al, 2002).

A teoria do desempenho também se baseia em vários axiomas para a eficácia na melhoria do desempenho. Estes incluem a imersão, a mentalidade do executante e o envolvimento na prática reflexiva (Sonnentag & Frese, 2001). A imersão no seu ambiente permite-lhe desenvolver-se física, intelectual e socialmente, melhorando assim as suas relações sociais, emoções, aprendizagem ativa e alinhamento de conhecimentos.

Para garantir um elevado nível de desempenho, a mentalidade do executante é um fator muito essencial, uma vez que envolve emoções positivas em relação à atividade e permite que o executante considere o fracasso como um trampolim para atingir um elevado nível de desempenho. A este respeito, a mentalidade do agricultor é essencial na tomada de decisões sobre se deve investir na cultura do café ou desviar-se para outras vias de produção para obter melhores lucros (Bransford, Brown & Cocking, 2000). A prática reflexiva cria uma plataforma que permite observar o desempenho atual de um sector, examinar as realizações, efetuar uma análise dos pontos fortes, dos pontos fracos, das melhorias e desenvolver a identidade, trabalhando assim para a melhoria da entidade.

Revisão da literatura empírica

Qualidade do café e desempenho

Kirumba & Pinard (2010) realizaram um estudo sobre os factores que determinam a conformidade dos agricultores com as normas recomendadas para a eco-certificação do café. O estudo utilizou o modelo de regressão logística binária para mostrar que os factores socioeconómicos, institucionais e as caraterísticas das explorações agrícolas são essenciais para a certificação dos agricultores.

As conclusões do estudo mostraram que a perceção do agricultor sobre os benefícios do café, a produção anual de café, a pulverização da cultura do café e o facto de ter o café como principal fonte de rendimento são os factores determinantes para a adesão à certificação. O estudo também apontou a situação financeira do agricultor como uma preocupação crescente para a certificação, uma vez que os certificadores se concentram nos agricultores progressistas e deixam de fora os agricultores fracos. O estudo concentra-se na capacidade dos produtores, mas pouco se diz sobre a relação entre o preço da exploração e o preço do leilão, as políticas governamentais, o preço do contrato, bem como o prazo de pagamento, que desempenham um papel imperativo na procura de certificação.

Mwangome (2011) indicou que a liberalização das regras de comercialização do café conduziu a um aumento do preço por quilograma entre 2004 e 2008, a um aumento das receitas dos agricultores, com a percentagem de pagamento a aumentar de 65% para 83%, e a uma redução substancial da produção de café. A redução da produção estava associada a mudanças nos padrões climáticos, bem como ao assentamento nas áreas que anteriormente eram fazendas de café devido ao aumento da população na área. O estudo também identificou que a qualidade do café na área ainda é alta, devido à introdução de variedades melhoradas de café e ao aumento dos incentivos de preço obtidos com o café de alta qualidade. O estudo identificou a necessidade de reduzir os agentes de comercialização, reduzir a tributação do café, desenvolver as infra-estruturas, introduzir regulamentação rigorosa e expandir os mercados internacionais do café. Apesar do aumento indicado dos preços do café, o estudo não teve em conta a diminuição da capacidade dos produtores, nem a desmotivação dos agricultores em resultado do tempo de espera pelo pagamento e do rácio entre o preço na exploração e o preço em leilão.

Os constrangimentos enfrentados pelos pequenos produtores de café contribuíram para a produção de pouca quantidade de café com qualidade relativamente baixa. De acordo com a USAID (2010), esses constrangimentos incluem pouco capital com acesso limitado ao crédito, falta de conhecimentos adequados sobre gestão agrícola, incapacidade de adotar variedades resistentes a doenças, falta de prémios de qualidade e fracas economias de escala nas sociedades cooperativas. O estudo de análise da cadeia de valor sublinha ainda que a utilização de equipamento obsoleto, instalado durante o período colonial, constitui um problema grave que afecta a transformação do café por via húmida no país, o que leva à exportação da maior parte do café produzido localmente. A má gestão das cooperativas também é prejudicial para o sector do café. Apesar de o estudo ter identificado os factores mais críticos que conduzem ao declínio da produção de café, as políticas governamentais e o fraco pagamento dos produtores de café, apesar do elevado custo do café queniano no mercado, não foram devidamente abordados.

Política e desempenho do governo

Gathura (2013) realizou um estudo sobre os factores que influenciam a produção de café pelos pequenos agricultores no Quénia. Os estabelecimentos em estudo eram explorações de café de pequena escala no distrito de Githunguri. O objetivo era determinar se os factores de comercialização, as finanças, as políticas governamentais e os recursos físicos e humanos afectam a produção de café no distrito de Githunguri. As fontes primárias incluíram a utilização de questionários, observação e entrevistas. As fontes secundárias incluíram pesquisa documental, pesquisa bibliográfica em jornais, livros de texto e publicações de fábricas. A população-alvo era constituída por mais de 700 000 pequenos produtores de café no Quénia, dos quais foi selecionada uma população acessível de 10 000 produtores do distrito de Githunguri, no condado de Kiambu, que constituiu uma amostra de 120 inquiridos. O estudo utilizou as estatísticas descritivas para demonstrar que a situação financeira, as tendências emergentes da comercialização no sector do café, os factores físicos e de recursos humanos e as políticas governamentais são as principais causas do declínio do sector do café. No entanto, o estudo não teve em conta a qualidade do café, a capacidade dos produtores no que respeita aos níveis de conhecimentos e o nível de tecnologia como factores essenciais que afectam a produção de café no Quénia.

Okibo (2013) realizou um estudo sobre os efeitos da liberalização do café. O estudo indica o fracasso do governo na produção de café como um grande ganhador de moeda estrangeira. Os objectivos do estudo eram identificar os efeitos da desregulamentação das sociedades cooperativas, os efeitos da passagem da gestão das sociedades cooperativas para os comités de agricultores e o impacto do licenciamento de muitos agentes de comercialização e moageiros de café. Os resultados da investigação demonstraram que a liberalização levou a uma diminuição da produção de café. Este facto foi associado à má gestão das sociedades cooperativas, à reduzida utilização de insumos agrícolas modernizados, a técnicas agrícolas deficientes, à redução dos rendimentos dos agricultores e à falta de confiança na nova gestão. O estudo centrou-se principalmente nas políticas de liberalização, mas foi dada pouca atenção ao baixo nível de educação dos pequenos agricultores, o que contribuiu em grande medida para a falta de uma estratégia de contra-ataque às políticas introduzidas pelo governo no início da década de 1990.

Capacidade e desempenho dos produtores

Mugweru, (2011), realizou um estudo sobre os factores determinantes da produção de café na economia queniana. Utilizou um modelo Nerloviano para estimar a resposta da oferta de café a esses factores determinantes e concluiu que existia uma relação positiva entre o preço e a produção de café, a produção e a precipitação, a produção e o hectare plantado e a produção de café e o preço dos factores de produção. A recomendação era que o governo tinha de intervir, abordando as restrições de crédito e outros factores que contribuíam para uma mudança negativa dos determinantes acima mencionados, pelo que o estudo proporcionou ao presente estudo uma melhor compreensão do possível fator que poderia ser um problema atual, contribuindo assim para o declínio

do café.
Wangari (2010) realizou um estudo sobre os factores que contribuem para a tendência decrescente da produção de café no Quénia: o caso do Condado de Nyeri. A avaliação foi feita com recurso a estatísticas descritivas, tendo sido utilizado o modelo OLS para analisar os factores que poderiam estar a afetar a produção de café. O estudo utilizou dados primários recolhidos de uma amostra de 30 agricultores entrevistados. Os resultados do estudo revelaram que o preço dos produtos, a capacidade dos produtores, a distância até ao mercado e a visita dos extensionistas eram os principais factores que tinham um impacto significativo na produção de café. O estudo apresentou algumas recomendações sobre a forma como os factores supramencionados poderiam ser abordados para inverter a tendência da produção de café.
Karanja (1998), no seu estudo, mencionou que, num esforço para melhorar a produção de café, tinham sido introduzidas grandes alterações no processo. Os plantadores de café foram licenciados. Em 1996, a área mínima exigida para que um agricultor fosse licenciado como plantador de café foi reduzida de 10 para 5 hectares. Esta alteração teve como resultado a duplicação do número de pequenas propriedades (menos de 20 acres) de 630 em 1994 para mais de 1500 em 2000. Assim, as cooperativas continuaram a perder um número considerável dos seus membros com boas condições, que passaram a ser licenciados como plantadores. Este facto reduziu ainda mais a capacidade de utilização das fábricas de descasque de café pertencentes às cooperativas, criando simultaneamente um grupo cada vez mais importante de produtores de café de média dimensão. As pequenas propriedades, tal como outros agricultores, podiam transformar o seu café separadamente e, por conseguinte, tinham mais incentivos para melhorar a qualidade do seu café, ao contrário dos pequenos agricultores que tinham de juntar a sua cereja nas fábricas das cooperativas.

Processos e desempenho de marketing

Mwongombe (2011) realizou um estudo sobre o Impacto da liberalização das regras de comercialização do café no desempenho da indústria do café no Quénia: um inquérito às sociedades cooperativas de produtores de café na Divisão de Mathira, Distrito de Nyeri. A população-alvo eram os gestores e os funcionários do comité de gestão das sociedades cooperativas de produtores de café da Divisão. Foi selecionada uma amostra de 36 gestores de uma população de 60 e 27 funcionários de gestão de uma população de 81. Da amostra de 63 de uma população de 141, foram entrevistados 60 inquiridos. Os questionários foram utilizados como principais instrumentos de recolha de dados para ambos os grupos de inquiridos. As conclusões revelam que, desde a entrada em vigor das novas regras liberais de comercialização, o café está a obter um preço por quilograma mais elevado do que anteriormente. O preço passou de Ksh19 em 2004 para Ksh 34 em 2008. O rendimento dos produtores de café também aumentou, passando de uma percentagem de pagamento de 65,6% em 2004 para 83%

no ano de 2005. A produção de café, embora a média dos dois períodos de tempo reflicta um aumento, registou uma redução substancial da produção de 2008 em relação ao nível de 2007. Isso foi atribuído à mudança nos padrões climáticos e ao assentamento em fazendas de café anteriores devido a pressões populacionais. No entanto, a qualidade do café é geralmente mais elevada devido à introdução de variedades novas ou melhoradas e a incentivos de preços elevados para o café de alta qualidade.

Theuri (2012) realizou um estudo que visava investigar os factores que influenciam a revitalização dos programas de café com o estudo de caso do distrito de Mukurweini. Procurou investigar a acessibilidade dos mercados de café, a gestão e a discriminação de género que coexistem nas sociedades cooperativas de café. Foram utilizadas estatísticas descritivas, que indicaram que os homens dominam no que respeita à acessibilidade ao crédito, à propriedade das colheitas de café e ao controlo dos rendimentos do café. O estudo mostrou ainda que a comercialização adequada e uma boa liderança são factores essenciais para a revitalização do café.

Karanja (2002) argumentou que a maior ameaça à sustentabilidade social da produção de café resulta das condições económicas enfrentadas pelos produtores de café. Acrescentaram que os produtores de café dependem tipicamente do café como sua principal fonte de moeda forte. Em consequência, a queda e a volatilidade dos preços do café têm um impacto negativo direto no acesso à educação, à habitação, à alimentação, aos serviços médicos e a outras necessidades básicas. David (2001) afirmou que as organizações de produtores podem constituir uma via importante para uma representação democrática e equitativa e para o desenvolvimento de infra-estruturas, mas que o relativo isolamento de muitos pequenos produtores de café coloca frequentemente custos de transação proibitivos para uma participação efectiva nessas organizações. Por outro lado, a mão de obra contratada que serve as plantações e propriedades de café representa tipicamente o segmento mais pobre da população que serve a cadeia de abastecimento. Embora os trabalhadores não estejam diretamente expostos aos caprichos do mercado, os dados sugerem que o desempenho do mercado é transmitido aos trabalhadores através de más condições gerais de trabalho.

Revisão crítica

Um estudo identificou as principais causas do declínio do sector do café como sendo a situação financeira dos indivíduos, as tendências de comercialização, as políticas governamentais e os factores humanos e físicos. A liberalização também foi abordada e o governo é culpado por não tomar as medidas necessárias para proteger os pequenos agricultores da má gestão por parte dos indivíduos abastados do sector. A acessibilidade dos mercados de café e a discriminação entre géneros também foram estudadas anteriormente. A questão da certificação dos produtores de café mereceu atenção e os vários obstáculos ao florescimento do sector do café foram identificados como os factores causais da falta de empenho dos produtores na certificação.

As análises deste estudo mostram claramente que o sector do café está a diminuir drasticamente, com apenas alguns indivíduos a beneficiarem dos benefícios em detrimento dos pequenos agricultores, que são a maioria. O presente estudo baseia-se, portanto, nos estudos anteriores, mas difere deles na medida em que analisa em profundidade a qualidade do produto e a capacidade dos produtores. Além disso, não há provas publicadas sobre os factores que afectam o desempenho da produção de café no círculo eleitoral de Mathira. Isto, portanto, torna o estudo mais abrangente e os resultados obtidos podem ser usados para comparação com outras áreas de cultivo de café para fins de generalização.

Quadro concetual

A Figura 2.1 mostra a relação entre as variáveis dependentes e independentes a serem testadas no estudo. A variável dependente neste estudo será o desempenho do sector do café. Os indicadores de desempenho da indústria do café que serão aqui estudados são o rácio entre o preço na exploração e o preço em leilão, o prazo de pagamento e o preço de contacto. As variáveis independentes a incluir no estudo são a qualidade do café, a capacidade do produtor, as políticas governamentais e os processos de comercialização.

Qualidade do café

A qualidade do café é um fator imperativo para a determinação do desempenho do sector do café. Diferentes países produzem café de qualidade diferente devido às suas diferentes condições climáticas, à acidez variada do solo e ao emprego de diferentes mecanismos de transformação. Por conseguinte, é necessário determinar o impacto do grau do café, do sabor, do aspeto e do nível de acidez no desempenho da indústria do café.

Capacidade do produtor

As dificuldades enfrentadas pelos produtores de café contribuíram para a produção de pouca quantidade de café com qualidade relativamente baixa. As formações oferecidas pela extensão Os trabalhadores são inadequados, o que afecta os níveis de conhecimentos dos produtores de café. Este estudo examinará, portanto, em que medida o tipo de competências dos produtores de café, o seu nível de educação e a falta de tecnologias modernas afectam o desempenho da indústria do café.

Política governamental

O Governo do Quénia contribui imensamente para o desempenho atual da indústria do café. Está envolvido na formulação de políticas que regem a indústria agrícola e as regras estabelecidas podem afetar o desempenho de forma negativa ou positiva. Na década de 1990, o governo do Quénia liberalizou a indústria do café com o objetivo de aumentar a produção e, assim, promover as receitas em divisas, bem como o aumento dos rendimentos dos agricultores. No entanto, a produção tem vindo a diminuir continuamente e o sector do café continua a sofrer uma depressão. Por conseguinte, este estudo procura determinar a influência dos diferentes tipos de políticas formuladas, da sua flexibilidade e aplicabilidade no desempenho do sector do café

Processo de marketing

Os processos de comercialização utilizados no sector do café no Quénia contribuem em grande medida para a determinação da relação entre o preço na exploração e o preço em leilão, o prazo de pagamento e o preço contratual do produto. Os canais utilizados pelo agricultor para comercializar a sua produção determinam o preço final. Os agricultores podem vender diretamente no mercado ou indiretamente através dos cartéis. O preço final é determinado em função das amostras, do nível de varredura e do tipo de cartéis. Por conseguinte, o estudo determinará em que medida estes factores de comercialização influenciam o desempenho da indústria do café

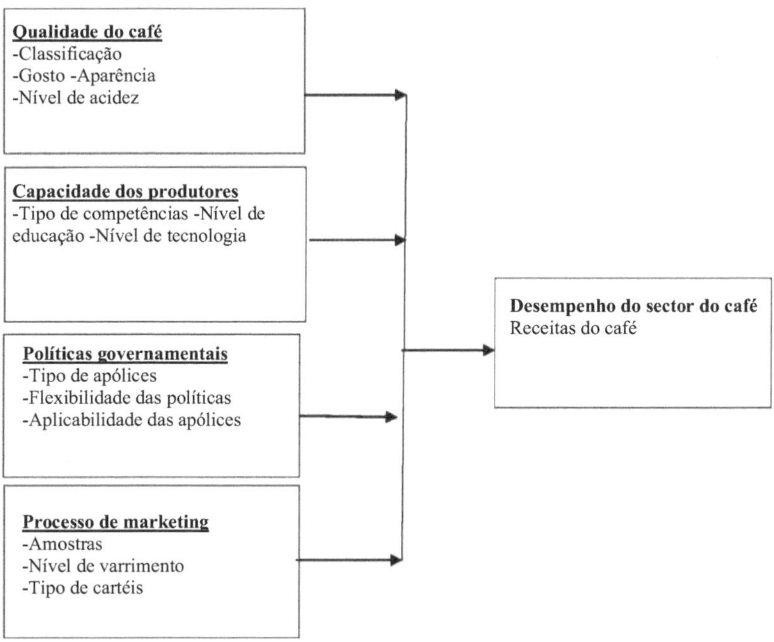

Figura 2.1 Quadro concetual

Resumo da revisão da literatura

A revisão da literatura consistiu na revisão teórica, na revisão empírica e no quadro concetual. As teorias aqui estudadas são a teoria do interesse público da regulação, a teoria da gestão da qualidade total e a teoria do desempenho. A teoria da regulação do interesse público baseia-se na sua constatação de que o governo pode regular o desempenho da indústria do café. A TQT indica que os indivíduos se esforçam por garantir que a qualidade do café seja melhorada, de modo a obterem melhores rendimentos. A teoria do desempenho indica que os níveis de competências, os níveis de conhecimentos, o contexto em que se vive, o nível de identidade, os factores fixos e os factores pessoais de um indivíduo são imperativos para um melhor desempenho. As conclusões de diferentes autores na análise empírica fornecem uma imagem vívida dos desafios encontrados no sector do café no Quénia, convertendo a cultura, outrora uma importante fonte de rendimento estrangeiro, numa área agrícola em que nenhum agricultor está disposto a aventurar-se. Os desafios, tais como facilidades de crédito inacessíveis, conhecimentos inadequados, falta de prémios de qualidade e fracas economias de escala na cooperativa

Foram estudados, entre outros, o baixo nível de tecnologia e a utilização de equipamento obsoleto. O quadro concetual mostra a relação entre as variáveis dependentes e independentes a testar no estudo. Muito se estudou sobre os factores de comercialização, as restrições financeiras, as políticas governamentais e os recursos humanos e físicos na produção de café, mas os problemas ainda persistem. Por conseguinte, é necessário recolher dados contextualizados para aprofundar os conhecimentos sobre os factores que afectam o desempenho da indústria do café no Quénia.

CAPÍTULO 3
METODOLOGIA DE INVESTIGAÇÃO

Introdução

Esta secção fornece informações sobre as técnicas e os métodos que foram utilizados para obter os dados necessários para o estudo. Apresenta a conceção da investigação, a área de estudo, a população-alvo, as técnicas de amostragem e a dimensão da amostra, as técnicas e os instrumentos de recolha de dados, o procedimento de recolha de dados, a análise dos dados e as questões éticas.

Conceção da investigação

Refere-se à estratégia que é empregue para gerar as respostas necessárias aos problemas em investigação. Neste estudo, foi utilizada a abordagem de investigação de modo misto. Especificamente, foram utilizadas a conceção de investigação descritiva e a conceção de investigação de correlação. A conceção de investigação descritiva permitiu uma análise clara do tema de investigação e facilitou o processo de recolha de dados, respondendo a questões relativas ao estudo de acordo com o estado atual. Por outro lado, a conceção de investigação correlacional proporcionou uma plataforma para a determinação da força da relação entre duas ou mais variáveis (Gravetter & Forzano, 2011).

Mugenda e Mugenda (2003) indicam que a conceção descritiva relata o objeto de estudo tal como ele é na realidade e fornece uma plataforma para o investigador descrever um fenómeno em termos de valores, atitude, opinião e caraterísticas. Um inquérito descritivo implica a recolha de informações através da administração de um questionário a uma amostra de toda a população em estudo. Esta conceção foi eficaz para este estudo, uma vez que permitiu que o sujeito fosse observado num ambiente absolutamente inalterado e natural, eliminando assim a possibilidade de enviesamento do investigador (Shuttleworth, 2008).

De acordo com Mitchell & Jolley, (2012) os estudos correlacionais permitem ao investigador procurar condições, capacidades e traços que correspondam uns aos outros. Por esta razão, os resultados obtidos através da correlação ajudam a fazer previsões futuras sobre uma variável com base no que se sabe sobre outra.

População-alvo

A população-alvo refere-se a objectos, casos ou indivíduos com algumas caraterísticas que podem ser observadas para se chegar a conclusões sólidas (Mugenda e Mugenda, 2003). O estudo teve como alvo os gestores das sociedades cooperativas de café e os produtores de café de

círculo eleitoral de Mathira. O estudo utilizou dados primários recolhidos de uma amostra representativa de toda a população através de questionários que foram utilizados para solicitar informações de acordo com os objectivos deste estudo. A população-alvo deste estudo foi de 26.000 cafeicultores, incluindo gerentes de fábrica, no distrito eleitoral de Mathira.

Técnicas de amostragem e a amostra

Neste estudo, foi utilizada a técnica de amostragem aleatória simples. De acordo com Mugenda & Mugenda (2003), a dimensão da amostra utilizada num estudo depende do desenho da investigação, da dimensão da população acessível, do número de variáveis e do método de análise dos dados. Para os inquéritos descritivos que produzem dados quantitativos, foi utilizada a fórmula de Fisher para calcular a dimensão da amostra mais adequada. A fórmula de Fisher era adequada para este estudo, uma vez que a população-alvo era superior a 10 000. Os indicadores mais importantes quando se utiliza esta fórmula são o nível de confiança ou de risco, o nível de precisão ou o erro de amostragem e o grau de variabilidade (Israel, 2014).

O nível de precisão refere-se ao intervalo em que se situa o valor verdadeiro na população e, neste caso, considerámos que era de ±5%. O nível de confiança indica em que medida o valor de um atributo é igual ao valor na população verdadeira quando a população é objeto de amostras repetidas. Neste caso, o nível de confiança a utilizar foi de 95%. O grau de variabilidade mostra o nível de distribuição dos diferentes atributos na população em estudo (Kasiulevicius, Sapoka & Filipaviciue, 2006). Uma população mais heterogénea requer uma grande dimensão da amostra para obter o nível de precisão mais desejado, enquanto uma população homogénea requer uma pequena dimensão da amostra. Este estudo utilizou a variabilidade máxima, que foi de 0,5.

A fórmula utilizada foi:

$$n = \frac{Z^2 pq}{e^2}$$

Onde:

n representa a dimensão prevista da amostra

Z representa a abcissa de uma curva que é normal e corta a área a nas caudas que é 1 - a, que é igual ao nível de confiança desejado, que é 95% neste caso

P representa uma proporção estimada de um atributo da população

q É obtido através do cálculo de 1-p

e representa o nível de precisão pretendido

Por conseguinte, obteve-se uma amostra de 385 pessoas da seguinte forma:

$$n = \frac{(1.96)^2 \ (0.5)(0.5)}{(0.05)^2}$$

=385 respondents

Técnicas e instrumentos de recolha de dados

Neste estudo, foram utilizados dados primários para aumentar a originalidade do estudo. Os dados primários foram essenciais neste estudo, uma vez que permitiram ao investigador abordar questões que são específicas do seu estudo. Mugenda e Mugenda (2003) afirmam que os dados primários permitem ao investigador ter controlo sobre a forma como a informação será recolhida e dão-lhe liberdade para decidir sobre a dimensão da amostra, o local da investigação e o tempo.

Os dados primários foram recolhidos junto dos inquiridos através de questionários. Os questionários foram aplicados aos gestores das cooperativas de café, que são os representantes do projeto, e aos membros da comunidade selecionados aleatoriamente pelo investigador. O questionário incluía as perguntas que pretendiam responder às questões formuladas com referência aos objectivos do estudo e às questões de investigação. A técnica do questionário permitiu ao investigador descobrir o que os inquiridos fazem, pensam e sentem sobre o desempenho da indústria do café. O questionário incluía perguntas fechadas e abertas para aumentar a uniformidade e a recolha do máximo de dados, respetivamente.

Procedimento de recolha de dados

A recolha de dados foi efectuada através de questionários. O investigador forneceu aos inquiridos uma carta de apresentação emitida pela universidade para lhes incutir confiança. Não foi pedido aos inquiridos que fornecessem os seus dados pessoais, tais como nomes, para garantir que estes fornecessem informações pormenorizadas, fiáveis e exactas, sem preconceitos. Os questionários não foram interpretados devido ao pressuposto de que a população-alvo era alfabetizada. O investigador entregou os questionários aos inquiridos numa interação individual e deu orientações sempre que necessário

Validade e fiabilidade dos dados

A pilotagem foi realizada para avaliar a capacidade dos instrumentos de investigação para recolher dados viáveis e fiáveis que correspondessem aos objectivos do estudo. Realizou-se antes da investigação propriamente dita. De acordo com Mugenda e Mugenda (2003), é adequado utilizar 1% a 10% do tamanho da amostra para o estudo-piloto. O estudo-piloto foi considerado como uma forma de pré-testar os instrumentos e técnicas de recolha de dados, identificando assim qualquer ambiguidade na questão de investigação para retificação antes da investigação propriamente dita. A validade refere-se à medida em que a investigação mede o que se pretende medir (Sagor, 2000). De acordo com Sagor (2000), a fiabilidade ajuda a verificar a exatidão e a consistência dos resultados da investigação para garantir a generalização dos resultados obtidos à população. Este estudo utilizou o método de teste-reteste, que envolve a administração dos instrumentos de investigação duas vezes aos mesmos indivíduos após um determinado intervalo de tempo (Cooper & Schindler, 2000). Neste caso, foi utilizado um intervalo de tempo de duas semanas. Para testar a fiabilidade, os questionários foram aplicados a 10 inquiridos. Estes incluíam 3 gestores de sociedades cooperativas de café e 7 agricultores de café noutro círculo eleitoral. O coeficiente de fiabilidade de Cronbach foi também utilizado para medir a fiabilidade dos instrumentos de investigação. Um coeficiente de fiabilidade a de Cronbach > 0,7 era aceitável.

Análise de dados

A análise de dados envolve a redução dos dados acumulados a uma dimensão controlável, a elaboração de resumos, a procura de padrões e a aplicação de técnicas estatísticas (Cooper e Schindler, 2000). O estudo utilizou o método quantitativo de análise de dados. A análise de dados desempenhou um papel importante na conversão de dados brutos numa forma que pode ser sujeita a interpretação e apresentação estatística. Os dados recolhidos foram editados, codificados, digitados e analisados utilizando o Statistical Package for Social Sciences (SPSS).

A investigação produziu dados quantitativos e qualitativos. Os dados quantitativos foram analisados utilizando estatísticas descritivas e correlações. A estatística descritiva ajudou a obter as medidas de tendência central e as medidas de dispersão, que incluíam a média e o desvio padrão. O coeficiente de correlação de movimento do produto de Pearson (r) foi utilizado para determinar a força da relação entre diferentes variáveis através do coeficiente de correlação, r, com um intervalo de confiança de 95%. Este fator ajudou a mostrar a força da relação, sendo que um valor de r de ±0,1 - ± 0,29 mostra uma relação fraca, um valor de r de ±0,3 - ±0,59 mostra uma relação moderada, enquanto um valor de r de ±0,6 - ±1 mostra uma relação forte.

Será utilizado um modelo de regressão simples para testar a importância da influência das variáveis independentes na variável dependente. O modelo de regressão múltipla será o seguinte

$$Y = \beta_0 + \beta_1 X_1 + \beta_2 X_2 + \beta_3 X_3 + \beta_4 X_4 + e$$

Onde:
Y = desempenho do sector do café
X1 = qualidade do café
X2 = capacidade do produtor
X3 = Política governamental
X4 = processo de comercialização
e= termo de erro

Questões éticas

O investigador respeitou as questões éticas no processo do estudo e garantiu aos inquiridos que a confidencialidade seria respeitada e que os dados recolhidos seriam utilizados apenas para fins de investigação.

O investigador obteve um consentimento informado de todos os inquiridos e foram consultadas todas as autoridades competentes. O investigador pediu autorização para recolher todos os dados necessários.

CAPÍTULO 4

ANÁLISE DOS DADOS, APRESENTAÇÃO DOS RESULTADOS E DISCUSSÃO

Introdução

Este capítulo inclui a análise, as conclusões e a interpretação dos dados. Os resultados são apresentados em tabelas e diagramas. Os dados analisados foram organizados em temas que reflectem os objectivos da investigação.

Taxa de resposta

O número de questionários administrados foi de 414. Um total de 394 questionários foram corretamente preenchidos e devolvidos. Isto representou uma taxa de resposta global bem sucedida de 95,2%, como mostra o Quadro 4.1. De acordo com Mugenda e Mugenda (2003) e também Kothari (2004), uma taxa de resposta de 50% é adequada para um estudo descritivo. Babbie (2004) também afirmou que as taxas de retorno de 50% são aceitáveis para analisar e publicar, 60% é bom e 70% é muito bom.

Tabela 4.1: Taxa de resposta

RespostaFrequência	**Percentagem**
Devolvido396	95.2%
Sem retorno20 **Total416**	4.8% **100%**

Caraterísticas demográficas

Esta secção consiste em informações que descrevem caraterísticas básicas, como a idade dos inquiridos, o nível de educação, a dimensão da terra cultivada com café e os anos em que praticam a agricultura. O género dos inquiridos também é indicado.

Género dos inquiridos

Foi pedido aos inquiridos que indicassem o seu género. A maioria dos inquiridos era do sexo masculino, representando 55% da amostra, enquanto 45% eram do sexo feminino. A figura abaixo mostra os resultados.

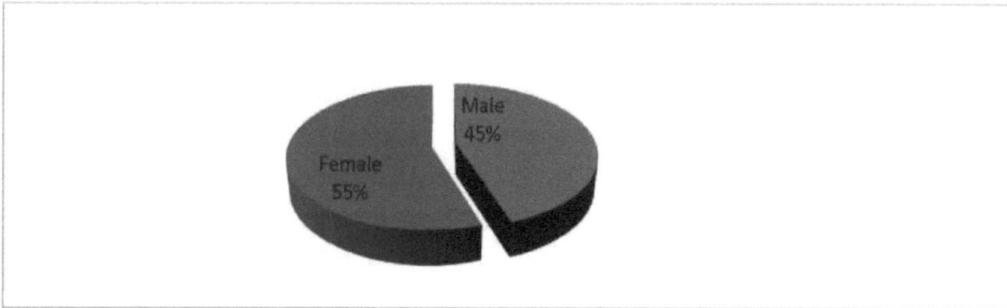

Figura 4.1: Género dos inquiridos

Membros da sociedade cooperativa

Foi pedido aos inquiridos que indicassem se eram ou não membros de uma sociedade cooperativa. O resultado da figura 4.2 mostra que 96% dos inquiridos eram membros de sociedades cooperativas, enquanto 4% não eram membros da sociedade cooperativa, como mostra a figura abaixo.

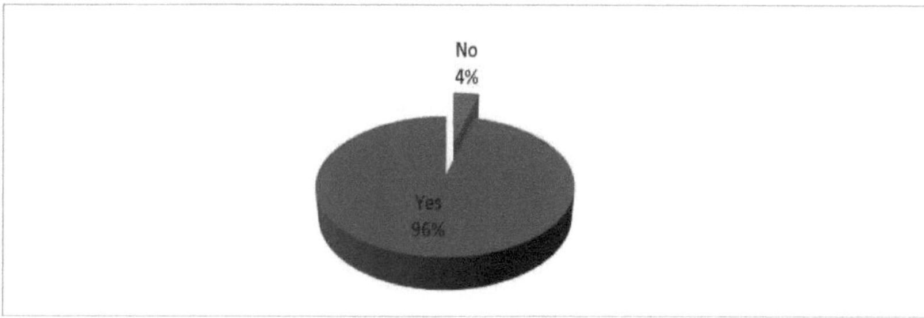

Figura 4.2: Membros da sociedade cooperativa

Idade

Foi pedido aos inquiridos que indicassem a sua faixa etária. Os resultados da figura 4.3 mostram que 60% dos inquiridos tinham mais de 50 anos, 28% tinham entre 41 e 50 anos, 12% dos inquiridos tinham entre 31 e 40 anos, o que indica que a maioria tinha mais de 50 anos.

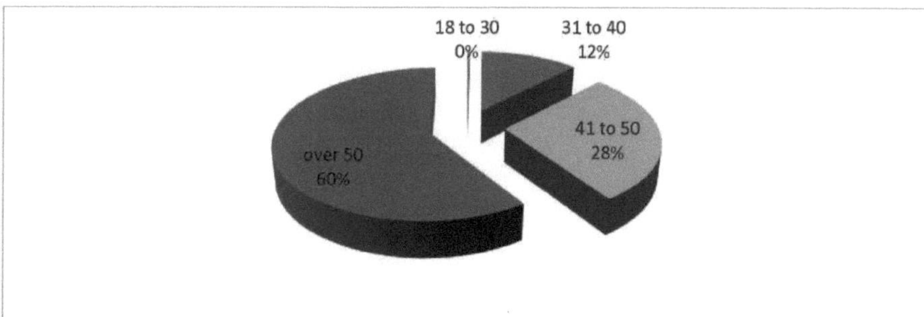

Figura 4.3: Idade dos inquiridos

Nível de escolaridade dos inquiridos

Foi pedido aos inquiridos que indicassem o seu nível de ensino mais elevado. Os resultados da Figura 4.4 mostram que a maioria, representada por 43% dos inquiridos, tinha qualificações secundárias, seguidas do nível primário com 34% dos inquiridos, enquanto 6% dos inquiridos tinham nível de certificado e 6% dos inquiridos tinham nível de diploma, enquanto 7% e 1% dos inquiridos tinham bacharelato e mestrado, respetivamente. Isto implica que a maioria dos inquiridos tem um nível de ensino secundário, como mostra a figura 4.4 abaixo.

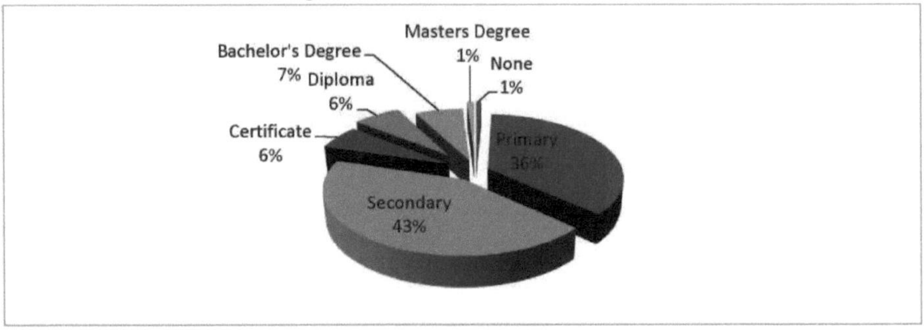

Figura 4.4: Nível de instrução

Rendimento mensal

Pediu-se aos inquiridos que indicassem o seu rendimento mensal gerado pela cultura do café. Os resultados da figura 4.2.5 mostram que 35% dos inquiridos ganhavam menos de 2200 ksh, enquanto 33% dos inquiridos ganhavam mais de 6001 ksh. 6001, enquanto 32% dos inquiridos ganhavam entre 2201 e 6000 ksh, o que significa que a maioria dos inquiridos gerava um rendimento inferior a 2200 ksh com a cultura do café, como mostra a figura abaixo.

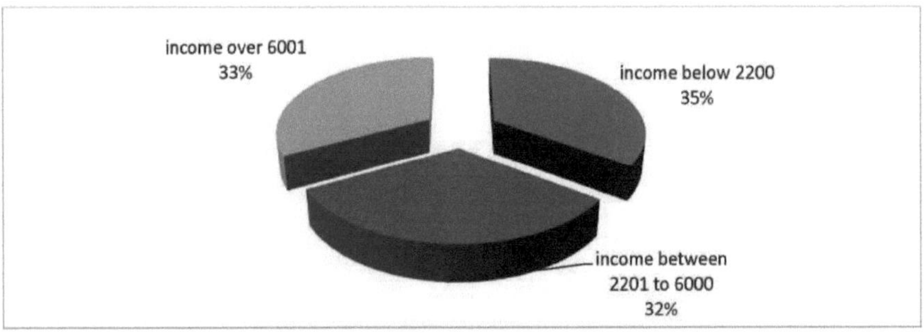

Figura 4.5: Rendimento gerado pela cultura do café

Proveitos provenientes de outras actividades

Pediu-se também aos inquiridos que indicassem o rendimento que geravam com outras actividades para além da cafeicultura. Os resultados apresentados na figura 4.2.6 mostram que a maioria (74%) dos inquiridos ganhava menos de 10 000, enquanto 33%

dos inquiridos auferiam rendimentos entre 10 000 e 30 000 e 11% representavam os inquiridos que ganhavam mais de 30 000 com outras actividades para além da cafeicultura.

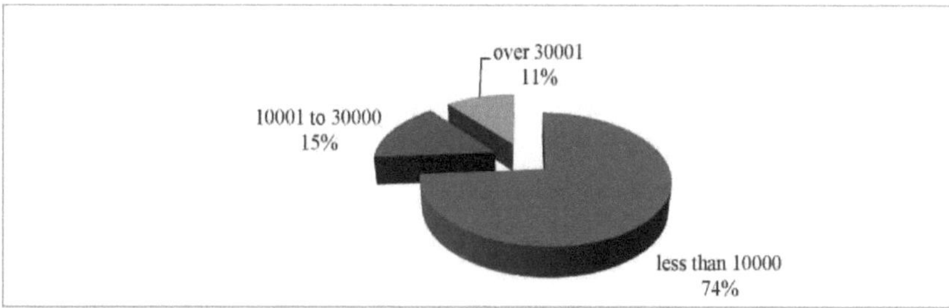

Figura 4.6: Rendimento gerado por outras actividades

Terras do café

Pediu-se aos inquiridos que indicassem a dimensão das terras cultivadas com café. Os resultados da figura 4.2.7 mostram que a maioria dos inquiridos (93%) tinha menos de 4 acres de café, enquanto 1% dos inquiridos tinha entre 4,1 e 10 acres de terra cultivada com café e, finalmente, 6% dos inquiridos tinham mais de 10 acres de terra cultivada com café. As constatações do estudo indicam que a maioria dos inquiridos não eram definitivamente produtores de café em grande escala, como mostra a percentagem de terras cultivadas com café. Isso também pode ser atribuído à fragmentação das terras devido ao aumento da população.

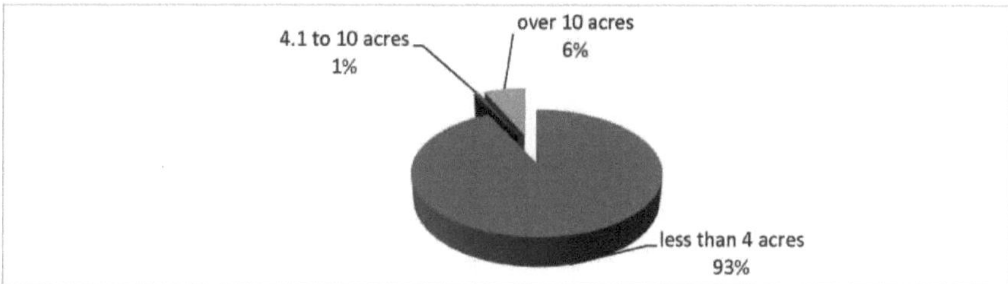

Figura 4.7: Terras cultivadas com café

Estatísticas descritivas

Esta secção apresenta os resultados descritivos sobre a qualidade do café, a capacidade dos produtores, a política governamental, os processos de comercialização e o desempenho da indústria do café na área de estudo.

Qualidade do café

O estudo procurou estabelecer o efeito da qualidade do café produzido no desempenho geral da indústria do café no Quénia. As respostas foram classificadas numa escala de likert e os resultados são apresentados no Quadro 4.2 abaixo. A maioria dos inquiridos, representada por 28%, discordou de que a qualidade do café é afetada por alterações climáticas que conduzem a um baixo desempenho da indústria do café no Quénia.

Quanto à questão de saber se os solos pobres afectam a qualidade do café, 56% dos inquiridos foram neutros. Isto sugere que a maioria dos inquiridos não fazia ideia de que a qualidade do café é afetada por solos pobres e de que isso pode afetar o desempenho da indústria do café no Quénia. Também se perguntou aos inquiridos se a fermentação excessiva do café durante a época alta afectava o sabor e o aroma do café, levando a um baixo desempenho. A maioria dos inquiridos, 42%, concordou com esta afirmação. A maioria dos inquiridos (37%) também estava de acordo em que a má imagem de marca do café local como sendo de baixa qualidade conduzia a um baixo desempenho da indústria do café no Quénia. Por último, quanto à questão de saber se a dependência da secagem ao sol conduziu a uma baixa qualidade do café, afectando assim o preço de venda do café, a maioria dos inquiridos (44,20%) discordou que não conduz necessariamente a um baixo desempenho da indústria do café. Estes resultados implicam que a qualidade do café produzido localmente tem uma relação com o desempenho da indústria do café no Quénia. Numa escala de cinco pontos, a média das respostas foi de 4,016, o que significa que a maioria dos inquiridos concordou com as afirmações do questionário; no entanto, as respostas foram variadas, como mostra um desvio-padrão de 1,51

Quadro 4.2: Qualidade do café

Declaração	Discordo totalmente	Não concordo	Neutro	De acordo	Concordo totalmente	média	Desvio padrão
a qualidade do café é afetada pelas alterações climáticas, o que conduz a um fraco desempenho da indústria do café	0.50 %	28.00 %	23.20%	26.00%	22.20%	3.41	2 1.13
a sobreutilização do solo sem melhoramento conduz a um menor sabor do café, o que leva a um baixo desempenho	0.30 %	4.00 %	56.30%	29.50%	9.80 %	3.95	6 0.73
a sobre-fermentação do café durante a época alta afecta o sabor e o aroma finais do café, o que conduz a um baixo rendimento	0.00 %	10.40 %	21.00%	42.50%	26.10%	4.84	9 0.92

a falta de recursos para marcar o café local faz baixar o preço de venda devido à má qualidade, conduzindo assim a um baixo desempenho	5.60%	17.70%	21.50%	37.60%	17.70%	4.046	1.13
a dependência da secagem ao sol conduz a uma má qualidade do café, o que resulta em preços mais baixos e, por conseguinte, num baixo desempenho	12.40%	44.20%	27.50%	9.10%	6.80%	2.544	1.04
Média						**4.016**	**0.9954**

Capacidade do produtor

O segundo objetivo do estudo era determinar o efeito da capacidade dos produtores no desempenho do sector do café no Quénia. Os resultados apresentados no quadro 4.3 abaixo mostram que 66,10% dos inquiridos concordavam que a maioria dos cafeicultores dispunha de pouca informação sobre a cafeicultura, o que conduzia a um baixo desempenho do sector no Quénia. A maioria (47%) dos inquiridos também concorda que os pesticidas e outros produtos químicos de controlo das doenças do café são inacessíveis, o que contribui para o baixo desempenho do sector do café no Quénia. A maioria dos inquiridos (61,90%) atribuiu o baixo desempenho aos preços elevados dos fertilizantes, que os tornam inacessíveis a muitos produtores de café. Quanto à questão de saber se a pequena dimensão da terra levou a uma baixa produção de café, o que encorajou a mudança para outras culturas alimentares, levando assim a um baixo desempenho da indústria do café, a maioria (48,00%) dos inquiridos concordou. A maioria dos inquiridos (50,90%) também concordou que a falta de fundos suficientes os impediu de se aventurarem na cafeicultura em grande escala, o que também teve um impacto negativo na indústria do café no Quénia. Utilizando uma escala de likert de cinco pontos, a média global das respostas foi de 4,04, o que indica que a maioria dos inquiridos concordou com a afirmação do questionário. Além disso, o desvio padrão de 0,753 indica que as respostas foram variadas. Os resultados aqui apresentados implicam que a capacidade dos produtores influencia o desempenho da indústria do café no Quénia.

Tabela 4.3: Capacidade do produtor

Declaração	Discordo totalmente	Não concordo	Neutro	De acordo	Concordo totalmente	média	Desvio padrão
a maioria dos produtores de café tem pouca informação/formação sobre a cultura do café, o que conduz a um fraco desempenho	0.80%	3.50%	15.20%	66.10%	14.40%	3.9	0.705
os pesticidas utilizados para o controlo das doenças e das pragas do café são inacessíveis para a maioria dos agricultores, o que conduz a um baixo desempenho	0.00%	3.30%	13.40%	47.00%	36.40%	4.16	0.777
os fertilizantes tornaram-se inacessíveis devido ao preço elevado em relação ao rendimento obtido com o café, o que conduziu a um baixo desempenho	0.00%	0.50%	7.80%	29.80%	61.90%	4.53	0.661
a pequena dimensão das terras conduz a uma baixa produção de café e incentiva a mudança para culturas alimentares, conduzindo assim a um fraco desempenho do sector do café	0.00%	14.60%	25.00%	48.00%	12.40%	3.58	0.886

os condicionalismos financeiros impedem os pequenos agricultores de se aventurarem em métodos agrícolas modernos, conduzindo assim a um fraco desempenho	0.30%	1.30%	19.20%	50.80%	28.50%	4.06	0.74
Média						**4.046**	**0.7538**

Política governamental

O terceiro objetivo do estudo era determinar o efeito das políticas governamentais sobre o desempenho da indústria do café no Quénia. Os resultados são apresentados no quadro 4.4, que mostra que 52,50% dos inquiridos concordam que a retirada do regime de empréstimos para insumos agrícolas afectou a produtividade dos agricultores, conduzindo assim a um baixo desempenho do café. Outros resultados mostram que os impostos elevados sobre os factores de produção agrícola têm efeitos negativos tremendos no sector do café, conduzindo assim a um baixo desempenho, como indicado por 26,30% dos inquiridos que concordaram com a afirmação. Os resultados também mostram que 72,00% dos inquiridos concordam que o CBK carece de responsabilidade, transparência e ordem nas suas operações, reduzindo assim o desempenho da indústria do café. Além disso, os resultados mostram que 73,90% dos inquiridos concordam que a emissão de licenças para os principais operadores do mercado aumenta a venda de café em cereja no mercado negro ("cherry hawking"), levando assim a um baixo desempenho da indústria do café. Além disso, 78,80% dos inquiridos concordaram que a corrupção e a impunidade nas cooperativas são atribuíveis à ignorância do Governo, o que leva a um baixo desempenho da indústria do café. Estes resultados implicam que a indústria do café no Quénia enfrenta desafios colocados pelas políticas existentes. A média da escala de likert das respostas é de 4,298, o que indica que a maioria dos inquiridos concorda com as afirmações. O desvio-padrão foi de 0,6968, o que indica que as respostas foram variadas

Tabela 4.4: Política governamental

Declaração	Discordo totalmente	Discordar ee	Neutro	De acordo	Concordo plenamente	Média	Desv. Desvio
A retirada do regime de empréstimos para aquisição de factores de produção agrícola afecta a produtividade dos agricultores, conduzindo assim a um baixo desempenho do café	0.30%	3.50%	12.90%	52.50%	30.80%	4.1	0.77
Os elevados impostos sobre os factores de produção agrícola têm efeitos negativos tremendos no sector do café, conduzindo assim a um fraco desempenho	0.00%	32.30%	25.00%	26.30%	16.40%	3.27	1.083
O CBK carece de responsabilidade, transparência e ordem nas suas operações, o que reduz o desempenho do sector do café	0.00%	0.80%	2.50%	24.70%	72.00%	4.68	0.561
A concessão de licenças aos principais operadores do mercado aumenta a venda de café em cereja no mercado negro ("cherry hawking"), conduzindo assim a um fraco desempenho do sector do café	0.00%	0.50%	1.80%	23.80%	73.90%	4.71	0.521

A corrupção e a impunidade nas cooperativas são atribuíveis à ignorância do governo, o que leva ao baixo desempenho do sector do café	0.00%	0.00%	5.30%	15.90%	78.80%	4.73	0.549
Média						**4.298**	**0.6968**

Processo de marketing

O quarto objetivo do estudo era determinar o efeito do processo de comercialização no desempenho da indústria do café no Quénia. Os resultados do quadro 4.5 mostram que 67,90% dos inquiridos concordaram e concordaram fortemente que o aumento dos custos de produção, acompanhado de constantes flutuações dos preços do café, levou ao declínio da agricultura em pequena escala, enquanto 82,30% dos inquiridos concordaram e concordaram fortemente que os atrasos e ineficiências dos agentes de comercialização levam a um aumento do prazo de pagamento aos agricultores, conduzindo assim a um baixo desempenho da indústria do café. A maioria (40%) dos inquiridos discordou que a longa distância até ao mercado tenha afetado negativamente a produção da cultura do café. Além disso, 47,80% dos inquiridos também discordaram que a existência de estradas em más condições levou a atrasos na colheita do café durante a estação das chuvas, o que levou a um fraco desempenho da indústria do café, enquanto 43,50% dos inquiridos discordaram que a comercialização e a promoção da marca do café do Quénia nos mercados internacionais são fracas, o que levou a um fraco desempenho da indústria do café. Numa escala média de likert, as respostas tiveram uma média global de 3,458, o que indica que os inquiridos responderam de forma clara à maioria das questões colocadas. O desvio-padrão de 0,993 indica que as respostas apresentam uma pequena variação.

Tabela 4.5: Processo de marketing

Declaração	Discordo totalmente	Não concordo	Neutro	De acordo	Concordo totalment e	Média	Std. Dese nvol vime nto

O aumento dos custos de produção, acompanhado de constantes flutuações dos preços do café, levou ao declínio da agricultura em pequena escala	0.00%	3.30%	28.80%	49.20%	18.70%	3.83	0.761
Os atrasos e as ineficiências dos agentes de comercialização conduzem a um aumento do prazo de pagamento aos agricultores e, por conseguinte, a um fraco desempenho do sector do café	0.00%	0.50%	17.20%	17.70%	64.60%	4.46	0.79
A longa distância até ao mercado afectou negativamente a produção da cultura do café	1.00%	39.10%	24.50%	13.40%	22.00%	3.16	1.192
A existência de estradas de má qualidade leva a atrasos na colheita do café durante a estação das chuvas, o que resulta num fraco desempenho do sector do café	1.80%	46.00%	24.20%	14.60%	13.40%	2.92	1.099
A comercialização e a promoção da marca do café do Quénia nos mercados internacionais são deficientes e, por conseguinte, o desempenho da indústria do café é baixo	5.60%	37.90%	28.50%	15.20%	12.90%	2.92	1.124
Média						**3.458**	**0.9932**

Desempenho do sector do café

O principal objetivo do estudo era avaliar os efeitos da qualidade do café, da capacidade dos produtores, da política governamental e do processo de comercialização no desempenho da indústria do café no Quénia. O quadro abaixo mostra as respostas às afirmações acima. A maioria dos inquiridos, 62,7%, concordou e concordou fortemente que a má qualidade do café conduziu a um fraco desempenho da indústria do café, enquanto 78,50% concordaram e concordaram fortemente que a falta de políticas governamentais adequadas em matéria de regulamentação da indústria do café conduziu a um fraco desempenho. Quanto à capacidade dos produtores, a maioria dos inquiridos (83,60%) concordou e concordou fortemente que a capacidade limitada dos produtores na indústria do café conduziu a um fraco desempenho. No que se refere aos processos de comercialização, os inquiridos tinham uma opinião variada, tendo a maioria uma opinião neutra. O quadro seguinte mostra as respostas.

Quadro 4.6: Desempenho do sector do café

Declaração	Discordo totalmente	Não concordo	Neutro	De acordo	Concordo totalmente	Média	Std. Desenvolvimento
a má qualidade do café conduziu a um fraco desempenho do sector do café	0.00%	4.50%	32.80%	40.70%	22.00%	3.8	0.832
a falta de políticas governamentais adequadas no que respeita à regulamentação do sector do café conduziu a um fraco desempenho	0.00%	2.80%	18.70%	37.60%	40.90%	4.17	0.825
a capacidade limitada dos produtores no sector do café conduziu a um fraco desempenho	0.00%	0.80%	15.70%	29.80%	53.80%	4.37	0.77

Processos de comercialização deficientes conduziram a um fraco desempenho do sector do café	9.05%	34.40%	29.20%	25%	2.35%	3.54	0.997
Média						**4.113**	**0.809**

Estatística Inferencial

A análise inferencial foi efectuada para gerar resultados de correlação, modelo de aptidão, análise da variância e coeficientes de regressão.

Análise de correlação

O quadro 4.6 abaixo apresenta os resultados da análise de correlação. Os resultados apresentados no quadro 4.7 mostram que a qualidade do café e o desempenho do sector cafeeiro estão relacionados de forma positiva e significativa (r=0,291, p=0,042). O quadro também indica que a capacidade dos cafeicultores e o desempenho da indústria cafeeira estão relacionados de forma positiva e significativa (r=0,359, p=0,000). Os resultados também mostram que as políticas governamentais estão positiva e significativamente relacionadas com o desempenho da indústria cafeeira (r=0,415, p=.000). Do mesmo modo, os resultados mostram que os processos de marketing estão positiva e significativamente relacionados com o desempenho da indústria do café (r=0,101, p=.044).

Tabela 4.6: Matriz de correlação

	estatísticas	Qualidade geral do café	Capacidade global dos produtores	Política governamental global	Processo global de marketing	Desempenho global do sector do café
Qualidade geral do café	r-valor p-valor N	1 396				
Capacidade global dos produtores	r-valor p-valor N	-0.018 **0.719** 396	1 396			

Política governamental global	r-valor p-valor N	-.327** **0** 396	.216** **0** 396	1 396		
Processo global de marketing	r-valor p-valor N	-0.062 0.22 396	0.076 0.131 396	-.117* **0.02** 396	1 396	
Desempenho global do sector do café	r-valor p-valor N	0.291* **0.042** 396	.359** **0** 396	.415** **0** 396	.101* **0.044** 396	1 396

Análise de regressão

Os resultados apresentados no quadro 4.7 mostram a adequação do modelo utilizado na regressão para explicar os fenómenos do estudo. A qualidade do café, a capacidade dos cafeicultores, a política governamental e os processos de comercialização foram considerados variáveis satisfatórias para explicar o desempenho do sector cafeeiro. Isso é corroborado pelo coeficiente de determinação, também conhecido como R quadrado, de 28,0%. Isto significa que as variáveis supramencionadas explicam 28,0% das variações da variável dependente, que é o desempenho da indústria do café no Quénia. Este resultado sugere ainda que o modelo aplicado para estabelecer a relação entre as variáveis foi satisfatório.

Tabela 4.7: Adequação do modelo

Indicador	**Coeficiente**
R	0.530
R Quadrado	0.28
Quadrado R ajustado	0.273
Erro Std. da Estimativa	0.5927

No teste de significância estatística, o valor p indica o nível de relação entre a variável independente e a variável dependente. Se o número de significância encontrado for inferior ao valor crítico, também conhecido como valor de probabilidade (p), que é estatisticamente fixado em 0,05, então a conclusão será que o modelo é significativo na explicação da relação; caso contrário, o modelo será considerado não significativo.

O quadro 4.8 apresenta os resultados da análise da variância (ANOVA). Os resultados indicam que o modelo geral foi estatisticamente significativo. Além disso, os resultados implicam que as variáveis independentes são boas preditoras do desempenho do setor cafeeiro. Isso foi corroborado por uma estatística F de 38,095 e o valor p relatado (0,000), que foi menor que o valor convencional de probabilidade de 0,05 no nível de significância.

Quadro 4.8: Análise de variância

Indicador	**Soma de quadrados**	**df**	**Quadrado médio**	**F**	**Sig.**
Regressão	53.531	4	13.383	38.095	0.000
Residual	137.358	391	0.351		
Total	190.889	395			

Os resultados dos coeficientes de regressão apresentados no quadro 4.9 mostram que existe uma relação positiva e significativa entre a qualidade do café, a capacidade dos produtores, a política governamental e os processos de comercialização e a variável dependente, que é o desempenho do sector do café, tal como demonstrado pelos coeficientes beta de 0,155, 0,431, 0,693 e 0,162, respetivamente. Estes resultados mostram que um aumento de 0,155 unidades na qualidade do café resultará num aumento unitário do desempenho da indústria do café no Quénia. Os resultados também sugerem que um aumento de 0,431 unidades na capacidade dos produtores resultará num aumento unitário do desempenho do sector do café. Um aumento de 0,693 unidades nas políticas governamentais adequadas terá um aumento unitário no desempenho da indústria do café, enquanto um aumento de 0,162 unidades no processo de comercialização terá um aumento correspondente de uma unidade no desempenho do sector do café no Quénia.

Quadro 4.9: Regressão dos coeficientes

Variável	**B**	**Erro Std.**	**t**	**Sig.**
(Constante)	1.692	0.509	3.321	0.001
Qualidade geral do café	0.155	0.05	3.077	0.002
Capacidade global do produtor	0.431	0.073	5.867	0
Política governamental global	0.693	0.078	8.916	0

Processos globais de marketing	0.162	0.051	3.196	0.002

O modelo de regressão linear múltipla é o seguinte

$$Y = \beta_0 + \beta_1 X_1 + \beta_2 X_2 + \beta_3 X_3 + \beta_4 X_4 + e$$

Onde:

Y = desempenho do sector do café

X1 = qualidade do café

X2= capacidade do produtor

X3 = Política governamental

X4 = processo de comercialização

e= termo de erro

Assim, o modelo ótimo para o estudo é;

Desempenho do sector do café = **1,692** + **0,155***(qualidade do café)* + **0,*431****(capacidade do produtor)* +*0*,**693**(*política governamental)* + **0,162***(processo de comercialização)* + *e*

RESUMO, CONCLUSÕES E RECOMENDAÇÕES

Introdução

Este capítulo aborda a síntese dos resultados, as conclusões e as recomendações. Este capítulo está em conformidade com os objectivos do estudo.

Resumo das conclusões

Esta secção apresenta um resumo das conclusões da análise. O resumo é feito em conformidade com os objectivos do estudo.

Qualidade do café e desempenho do sector do café

O primeiro objetivo do estudo era estabelecer o efeito da qualidade do café produzido no desempenho da indústria do café. Os resultados revelam que a qualidade do café teve impacto no desempenho da indústria do café no Quénia. A maioria dos inquiridos concordava que a qualidade do café produzido no Quénia tinha afetado o desempenho geral da indústria do café no Quénia. Esta conclusão é ainda apoiada pelo resultado da análise de regressão realizada, que mostra que a qualidade do café produzido tem uma relação significativamente positiva com o desempenho da indústria do café no Quénia. A partir da análise de regressão, o estudo obteve um coeficiente beta de 0,155, o que sugere uma relação positiva e significativa entre as duas variáveis.

Estes resultados implicam que, para aumentar o desempenho da indústria do café no Quénia, os intervenientes nesta indústria devem empregar estratégias que aumentem a qualidade do café produzido. Estas conclusões concordam com as de Kirumba & Pinard (2010) e Mwangome (2011), que concluíram que o desempenho do sector do café depende dos preços de venda, que são ditados pela qualidade do café.

Capacidade dos produtores e desempenho do sector do café

O segundo objetivo do estudo era identificar os efeitos da capacidade dos produtores sobre o desempenho da indústria do café no Quénia. Os resultados mostraram que a capacidade dos produtores tem efeitos significativos no desempenho da indústria do café no Quénia. Os resultados mostram que a maioria dos inquiridos, 83,60%, concordou e concordou fortemente que a capacidade limitada dos produtores na indústria do café conduziu a um fraco desempenho da indústria do café no Quénia. Além disso, os resultados indicam que a capacidade dos produtores tem uma relação positiva e significativa com o desempenho do sector do café. Além disso, os resultados indicaram que um aumento de 0,*431* resultará num aumento correspondente de uma unidade no desempenho da indústria do café no Quénia. As conclusões deste estudo estão em sintonia com as de Wangari (2010) e Karanja (1998), que constataram a existência de uma relação positiva significativa entre a capacidade dos produtores e o desempenho da indústria do café no Quénia. Por conseguinte, os esforços para revitalizar o desempenho da indústria do café devem também ser orientados para a capacitação dos agricultores, o que aumentará a produção de café e, consequentemente, impulsionará a indústria em geral.

Política governamental e desempenho do sector do café

O terceiro objetivo do estudo era estabelecer o efeito da política governamental e do desempenho do setor cafeeiro. As constatações mostraram que a maioria dos inquiridos (78,50%) concordava e concordava fortemente que a falta de políticas governamentais adequadas em relação à regulamentação da indústria do café conduziu a um baixo desempenho. Outros resultados revelaram que um aumento de 0,693 unidades nas políticas governamentais apropriadas terá um aumento unitário no desempenho da indústria do café. Estes resultados implicam que o Governo do Quénia deve rever as políticas e os regulamentos e adotar novas políticas que rejuvenesçam o desempenho da indústria do café. Estas constatações concordam com as de Gathura (2013), que realizou um estudo sobre os factores que influenciam a produção de café pelos pequenos agricultores no Quénia e descobriu que a tendência de comercialização na indústria do café, os factores físicos e de recursos humanos, bem como as políticas governamentais, são as principais causas do declínio da indústria do café. As conclusões também concordam com as de Okibo (2013), que efectuou um estudo sobre os efeitos da liberalização do café. As conclusões do estudo indicam que o governo falhou na produção de café como fonte de divisas.

Processo de marketing e desempenho da indústria do café

O estudo procurou estabelecer o efeito do processo de marketing no desempenho do sector do café. Os resultados mostram que os inquiridos se mostraram neutros quanto aos efeitos dos processos de marketing no desempenho da indústria do café. A opinião dos inquiridos estava dividida, com alguns a concordar e outros a discordar dos efeitos do processo de marketing no desempenho da indústria do café. A análise de regressão mostrou que um aumento de 0,162 no processo de comercialização terá um aumento correspondente de uma unidade no desempenho do sector do café no Quénia. Estas constatações estão de acordo com as de Mwongombe (2011), que realizou um estudo sobre o impacto da liberalização das regras de comercialização do café no desempenho da indústria do café no Quénia. As conclusões do estudo de Mwongombe revelam que, desde a entrada em vigor das novas regras liberais de comercialização, o café está a obter um preço por quilograma mais elevado do que anteriormente. O preço passou de Ksh19 em 2004 para Ksh 34 em 2008. O rendimento dos produtores de café também aumentou de uma percentagem de pagamento de 65,6% em 2004 para 83% em 2005. A produção de café, embora a média dos dois períodos de tempo reflicta um aumento, mas uma redução substancial da produção de 2008 em relação ao nível de 2007. As constatações deste estudo também estão em consonância com as de Theuri (2012), que realizou um estudo com o objetivo de investigar os factores que influenciam a revitalização dos programas de café, com o estudo de caso do distrito de Mukurweini.

As constatações do estudo mostraram que o marketing adequado e a boa liderança são factores essenciais da revitalização do café.

Desempenho do sector do café

O principal objetivo deste estudo foi avaliar os factores que afectam o desempenho da indústria do café no Quénia. Os factores em análise incluíam a qualidade do café, a capacidade dos produtores, a política governamental e o processo de comercialização. As conclusões do estudo mostram que todos os factores têm uma relação positiva e significativa com o desempenho da indústria do café no Quénia. O conjunto dos factores representou 28% do desempenho da indústria do café.

A qualidade do café tinha uma relação significativamente positiva com o desempenho da indústria do café no Quénia. Da análise de regressão, o estudo obteve um coeficiente beta de 0,155, o que sugere uma relação positiva e significativa entre as duas variáveis. A capacidade dos produtores tem um efeito positivo e significativo no desempenho da indústria do café no Quénia. A política governamental também teve um efeito significativo positivo no desempenho da indústria do café no Quénia, assim como o processo de comercialização.

Estas constatações estão de acordo com a maioria dos estudos anteriores efectuados sobre o tema. Por exemplo, as conclusões do estudo estão de acordo com as de Gathura (2013), que realizou um estudo sobre os factores que influenciam a produção de café pelos pequenos agricultores no Quénia. Os estabelecimentos em estudo eram explorações de café de pequena escala no distrito de Githunguri. Os factores em estudo incluíam factores de comercialização, finanças, políticas governamentais e recursos físicos e humanos que afectam a produção de café no distrito de Githunguri. O estudo utilizou a estatística descritiva para demonstrar que a situação financeira, as tendências emergentes de comercialização na indústria do café, os factores físicos e de recursos humanos e as políticas governamentais são as principais causas do declínio da indústria do café.

Conclusões

Com base nas constatações acima referidas, o estudo concluiu que o desempenho da indústria do café requer uma grande quantidade de investimento para elevar os padrões e manter uma indústria vigorosa. O estudo também concluiu que a qualidade do café produzido é um dos principais factores que devem ser abordados para manter a indústria do café viva. A capacidade dos produtores é outro fator limitativo da expansão da indústria do café. O estudo conclui, portanto, que a falta de fundos, de conhecimentos sobre a cultura do café e dos insumos agrícolas necessários impede a plena exploração da indústria do café no Quénia.

Em segundo lugar, o estudo concluiu que as políticas governamentais afectam o desempenho da indústria do café no Quénia. Políticas como a retirada do Esquema de Empréstimos para Insumos Agrícolas, impostos elevados sobre insumos agrícolas, falta de responsabilidade e transparência do CBK e corrupção e impunidade nas cooperativas contribuíram para o baixo desempenho do sector do café. O estudo afirma, portanto, que existe uma relação positiva e significativa entre as políticas governamentais e o desempenho da indústria do café no Quénia.

Em terceiro lugar, os resultados concluíram que o processo de marketing tem uma influência no desempenho do sector do café. Isto foi orientado pelas constatações que revelaram que 67,90% dos inquiridos concordavam e concordavam fortemente que o processo de comercialização desempenhava um papel significativo no desempenho da indústria do café. A análise de regressão mostrou que um aumento de 0,162 no processo de comercialização terá um aumento correspondente de uma unidade no desempenho do sector do café no Quénia. O estudo também conclui que, para obter um sector do café eficiente, muito deveria ser feito no que diz respeito à comercialização. O estudo conclui ainda que existe uma relação positiva entre o processo de comercialização e o desempenho da indústria do café no Quénia.

Recomendações

As recomendações que se seguem, baseadas nas constatações do estudo, são sugeridas para ajudar a melhorar o desempenho da indústria do café no Quénia. A produção de café, desde a colheita até à transformação, deve ser feita de forma a manter a elevada qualidade do café final, que atrairá preços elevados, revitalizando assim a indústria do café. O CBK também deve intervir para formar os agricultores sobre a forma de manter culturas saudáveis que conduzam a produtos de alta qualidade.

O estudo também recomenda que os agricultores obtenham rendimentos elevados com a cafeicultura. Um rendimento elevado servirá de incentivo aos agricultores para expandirem a sua produção de café e os agricultores disporão também dos fundos necessários para a compra de factores de produção agrícola, o que conduzirá ao crescimento da indústria do café. A partir das constatações do estudo, a maioria dos agricultores que participam na cafeicultura também participam noutras actividades geradoras de rendimentos, desviando assim a sua atenção da cafeicultura. Com bons rendimentos gerados pela cafeicultura, esses agricultores podem ser encorajados a ser cafeicultores a tempo inteiro, o que impulsionará a produção de café no Quénia. Isto traduzir-se-á num sector cafeeiro dinâmico.

Os intervenientes no sector do café e o governo precisam de harmonizar as políticas que regulam o sector do café, a fim de conseguir um sector robusto. As políticas têm de ser formuladas tendo em conta os benefícios para os agricultores, o que funcionará como incentivo para que estes se dediquem à cafeicultura. Os empréstimos para insumos agrícolas devem ser reintroduzidos, os impostos sobre os insumos agrícolas devem ser harmonizados e o governo deve garantir que a CBK esteja livre de corrupção para injetar nova energia no sector do café. Além disso, a CBK deve ser responsável nas suas transacções; os intermediários exploradores devem ser erradicados da indústria para criar as bases adequadas para o rejuvenescimento da indústria do café no Quénia.

Por último, todos os principais intervenientes devem apresentar novas estratégias para comercializar o café queniano nos mercados internacionais, para que o café local possa competir nos mercados internacionais, que oferecerão bons preços ao café produzido localmente. Boas estratégias de comercialização também eliminarão os intermediários que exploram os agricultores.

Áreas para estudos futuros

O estudo procurou avaliar os factores que afectam a indústria do café no Quénia, tendo sido avaliados a qualidade do café, a capacidade dos produtores, a política governamental e o processo de comercialização. Outros estudos poderiam considerar diferentes factores, como os factores climáticos e o aumento dos efeitos da população no desempenho da indústria do café. Este estudo utilizou o círculo eleitoral de Mathira, no Quénia, como estudo de caso, pelo que um estudo semelhante pode ser realizado em relação a outra região para efeitos de comparação.

REFERÊNCIAS

BeanPoster, (2012). Os 3 principais países para colher grãos de café: Do classificador Q da torrefação. Kansas: The Roasterie Air- Roasted Coffee.

Bransford, J. D., Brown, A. L., Cocking, R. R., eds. (2000). *How people learn.* Washington DC: National Academy Press.

Cooper, D.R., & Schindler, P.S. (2000). *Business Research Methods.* New York: Irwin/ McGraw-Hill

Dempsey, J. (2006). A Case Study of Institution Building & Value Chain Strengthening to Link Ethiopian Cooperative Coffee Producers to International Markets [Estudo de caso do desenvolvimento institucional e do reforço da cadeia de valor para ligar os produtores de café cooperativos da Etiópia aos mercados internacionais]. *Addis Abeba: ACDI/Voca.*

Dorothy, Nakaweesi. (2013). *Os envios mensais de café do Uganda estão a aumentar de forma constante.* Monitor Diário (Kampala). Recuperado em 2013-01-28.

Elger, D. (2014). *Teoria do desempenho.* Moscovo: Universidade de Idaho.

Gathura, M. (2013). Factores que afectam a produção de café em pequena escala no distrito de Githunguri, Quénia. *Revista Internacional de Investigação Académica em Ciências Empresariais e Sociais,* 3(9), 132-148

Gitu, S. (2012).*A necessidade de uma melhor capacidade organizacional nas cooperativas de café do Quénia: A Case Study of New Gatanga Coffee Cooperative Society, Quénia.* Ontário: Universidade de Guelph.

Gravetter, F., & Forzano, L. (2011). Research Methods for the Behavioral Sciences. *Boston: Cengage Learning.*

Hawks, D. (2014). Teoria da equidade da motivação na gestão: Definition, examples & quiz. New York: Portal da Educação.

Hurd, A., Barcelona, R., & Meldrum, J. (2008). *Gestão de Serviços de Lazer.* Champaign: Human Kinetics

Israel, G.D. (2014). *Determinação do tamanho da amostra.* Recuperado em 2 de dezembro de 2014 de http://edis.ifas.ufl.edu/pdffiles/pd/pd00600.pdf

Kalyango, Ronald. (2013). *15 fábricas de café fechadas devido ao mau manuseamento.* New Vision Kampala.

Karanja, A. M. (1998). Effects of liberalisation measures undertaken in the coffee industry on coffee production, quality and profitability in Kenya. *Kenya Coffee* 63 (743):. 2717-31

Karanja, A. M., & Nyoro, J. K. (2002). Coffee prices and regulation and their impact on livelihoods of rural community in Kenya. *Instituto Tegemeo de Política e Desenvolvimento Agrícola, Universidade de Egerton,* 27-29.

Karanja, A.M (2002). Liberalisation and smallholder agricultural development. Um caso

Estudo de explorações de café no Quénia. Tese de doutoramento, Universidade de Wageningen. ISBN 90-5808

603-8.
Kasiulevicius, V., Sapoka, V., & Filipaviciue, R. (2006). *Cálculo da dimensão da amostra em estudos epidemiológicos*. Lituânia: Universidade de Vilnius.
Kirumba, E.G. & Pinard, F. (2010). *Determinants of farmers' compliance with coffee eco-certification standards in Mt. Kenya region (Determinantes do cumprimento pelos agricultores das normas de certificação ecológica do café na região do Monte Quénia).* Nairobi: Centro Agroflorestal Mundial.
http://ageconsearch.umn.edu/bitstream/95970/2/76.%20Coffee%20eco-certification%20in%20Kenya.pdf
Lawler, E. (2000). *Rewarding excellence: Pay strategies for the new economy*. São Francisco, CA: Jossey-Bass.
Lilieholm, Robert J.; W. Paul Weatherly (2010). *"Café selvagem da floresta de Kibale: Desafios à conservação baseada no mercado em África"*. Biologia da Conservação 24 (4): 924-930.
Livelihoods of rural community in Kenya (Meios de subsistência da comunidade rural no Quénia). Nairobi: Instituto Tegemeo de Política e Desenvolvimento Agrícola.
Mafusire, A., Salami, A., Kamara, A.B., & Lawson, F.E. (2010). O complexo de economistas-chefes do grupo do Banco Africano de Desenvolvimento. *Commodity market brief*, 1 (2): 2-5
Mitchell, M., & Jolley, J. (2012). Research Design Explained. Boston: Cengage Learning.
Monroy, L., Mulinge, W., & Witwer, M. (2013). *Análise dos incentivos e desincentivos ao café no Quénia.* Rome: FAO.
Mugenda, O.M., & Mugenda, A.G. (1999). *Métodos de investigação: Quantitative and Qualitative Approaches.* Nairobi: ACTS Press.
Mugenda, O.M., & Mugenda, A.G. (2003). *Métodos de investigação: Quantitative and Qualitative Approaches.* Nairobi: ACTS Press.
Mugweru, E. (2011), "Determinants of coffee production in the Kenyan Economy" *Universidade de Nairobi*
Mude, A. (2006, agosto). Weaknesses in institutional organization: explaining the dismal performance of Kenya's coffee cooperatives. In Contributed paper prepared for presentation at the International Association of Agricultural Economists Conference, Gold Coast, Australia.
Mwangome, K. M. (2011). *Impacto da liberalização das regras de comercialização do café no desempenho da indústria do café no Quénia: um inquérito às sociedades cooperativas de produtores de café na Divisão de Mathira, Distrito de Nyeri.* Nairobi: Repositório Institucional da Universidade Kenyatta. http://ir-library.ku.ac.ke/handle/123456789/1045
Nathalie, Johnson. (2002). *"Projectos: Projeto de Café Selvagem da Floresta de Kibale.* O Banco Mundial". Washington, DC: Banco Mundial.
Ojambo, F.(2013). "*As exportações de café de Uganda caem pelo segundo*

mês com a secagem do freio das chuvas". Bloomberg.
Okibo, B.W. (2013), Efeitos da liberalização na produção de café no Quénia. *Jornal Europeu de Negócios e Gestão*, 5(3), 1-17
Okoth, S. (2013). Falhas políticas e capacidade técnica inadequada prejudicam a indústria do café do Quénia. *Diário de Negócios, pp A1-A2.*
Sagor, R. (2000). Recolha de dados*: Construir um Plano de Recolha de Dados Válido e Fiável.* Alexandria: Associação para a Supervisão e Desenvolvimento Curricular.
Scholl, R.W. (2002). Motivação: Teoria da expetativa. Kingston*: Schmidt Labor Research Center*
Shuttleworth, M. (2008). *Conceção da investigação descritiva.* Recuperado em 26 de março de 2015, de http://www.experiment-resources.com/descriptive-research- design.html
Sonnentag, S. & Frese, M. (2001). *Conceitos de desempenho e teoria do desempenho*: Konstanz: Universidade de Konstanz.
Theuri, B. N. (2012), *Factores que afectam os Programas de revitalização do café no Distrito de Mukurweini, Condado de Nyeri, Quénia*. Nairobi: Universidade de Nairobi.
Tomlinson, C.A., Kaplan, S. N., Renzulli, J. S., Purcell, J., Leppien, J., & Burns, D. (2002). *O currículo paralelo: A design to develop high potential and challenge high-ability learners.* Thousand Oaks, CA: Corwin Press.
Agência dos Estados Unidos para o Desenvolvimento Internacional (USAID), (2010). *Kenya coffee industry value chain analysis: profiling the actors, their interactions, costs, constraints and* opportunities. Washington, D.C.: Chemonics International Inc.
Vroom, V.H., Deci, E.L., Penguin (1983). A teoria da expetativa de Vroom. Cambridge: Universidade de Cambridge.
Wangechi R.W. (2010). Factores que contribuem para a tendência decrescente da produção de café no Quénia: The Case in Nyeri County. Nairobi: *Universidade de Nairobi.*
Werner, s., & Ones, D. S. (2000). Determinants of perceived pay inequities: the effect of comparison other characteristics and pay system communication. *Journal of Applied Social Psychology*, 30(6), 1281-1309.

MIX
Papier aus verantwortungsvollen Quellen
Paper from responsible sources
FSC® C105338

Printed by Books on Demand GmbH, Norderstedt / Germany